# 平手友梨奈　考

矢島壯一

幻冬舎MC

平手友梨奈　考

# まえがき

本作は人物論である。

その人物は、功成り名遂げた人物ではない。

その人物は、誰でもが知っているとは言い難いが、名前を聞けば〝ああ〟と言う程度の認知度はある。

その人物は、芸能界にいるが、ジャンルは特定し難い。

その人物は、芸能界において、独特の存在感と表現力で高い評価を得ている一方、誹謗中傷に晒されることも多い。

その人物は、少女といってもよいような若い女性である。

その人物は、芸能界の特異点である。

私がこの人物論を書く契機となったのは、その人物に関する二つの指摘である。

一つは、音楽雑誌「ROCKIN'ON JAPAN」編集長小柳大輔氏が、その人物へのインタビューで「そもそもいつどこへ行っちゃうかわからないから、君の場合は。だからちゃんと形に残そう」との指摘である。

一つは、ライター照沼健太氏の「その人物を語ることは罪なのか」との問題提起で示された「その人物を無視するように、他のメンバーに無理やり注目し、美しいストーリーを語ることは優しさだろうか。それは、その人物の存在を真っ向から否定する〝嘘〟に加担する行為ではないか」との指摘である。

その人物とは、平手友梨奈さんである。

本論では、様々な資料（映像・音声・印刷媒体・ウェブ媒体）を駆使しつつ、想起される事象の再現・再構成を試みている。引用した部分を除く地の文章の所論、所見、感想などは当然ながら全て私見である。資料の引用について恣意的な扱いを極力避けるよう努めたが、不十分なところがあれば、それは筆者に責がある。また、引用について当事者や関係者の了解を得ていない。ご了承いただきたい。会話部分の引用は、その場の雰囲気を損なわないよう「話し言葉」のままとした。

楽曲のイメージを想起してもらう必要から、秋元康氏の楽曲を中心にその歌詞の一部を引用させていただいた。（JASRAC承認済み）

私は平手友梨奈さんに会ったこともないし、ライブに参加したこともない。「それでよく平手友梨奈が語れるな！」と言う人がいるだろう。確かに、時と場所を限定した瞬時の演技や演奏は瞬間芸術ともいわれ、演者と観客の同時性は極めて貴重な体験であり、それを否定するつもりはない。しかし、現在では録音・録画技術の飛躍的進歩により、映像記録だけでも同時性はある程度担保されている。あとは、少しの想像する力である。

本論の論述は、平手友梨奈さんがアイドルグループ時代から所属していた「Seed

& Flower合同会社」の活動（2015年〜2022年）までとし、2022年12月、韓国大手芸能事務所の日本法人「HYBE JAPAN」（ハイブジャパン）が立ち上げた新レーベル「NAECO」（ネイコ）への移籍後の活動は対象としていない。出版時には、新たな拠点での活動が始まっていると思われるが、これを一つの区切りとした。

また、本論は紀伝体形式で記述しているため、編年体と違い時間的な流れが分り難い面がある。このため、巻末に「年譜」を掲載したので、参考にされたい。

目次

# はじめに

魅力的な少女がいる。

彼女は2015年8月、14歳(2001年6月25日生まれ)で世に現れ、今は、少し大人になって22歳だ。彼女の名は「平手友梨奈」、トップアイドルグループのエースとして名を知られ、2020年1月にグループを離れた後も、グループ時代と同じ「Seed & Flower合同会社」に籍を置き、女優、歌手、ダンサー、モデルとして活動していた。2022年12月、この事務所を離れ韓国大手芸能事務所の日本法人「HYBE JAPAN」に移り、新レーベル「NAECO」に所属することが発表された。

平手友梨奈の芸能人としての魅力については多くの人が語っている。代表的な一人は作家柳美里氏で、『BUBKA』（2016年7月号）において、平手友梨奈を「ここ30年で最もインパクトのある女の子」と言い、「彼女の前では瞬きすらしたくない」「存在感が強いのに、存在感を消すことのできる透明感を持っている」と述べている。

また、平手の師というべき秋元康氏もRADWIMPSの野田洋次郎氏に「二度と会えないような天才」と伝えている（「TOKYO SPEAKEASY」（TOKYO FM）2020年9月8日放送——詳細は後述）。

さらにYouTubeには『平手友梨奈を語る人たち』というまとめ動画が5編ほどあり、先輩アイドル、共演者や芸人を含む芸能人、様々な分野のクリエーターなど約30人（組）が彼女の魅力や印象を語っている。平手友梨奈は、スターに不可欠な何か語りたくなる魅力を持っている存在なのだろう。

本論では、彼女の仕事に関りを持った人たちの様々な証言を交え、その魅力を具体的な作品に沿って考えてみたい。

20歳そこそこの女性について、人間としての魅力を語るのは違和感を持つかも知れない。しかし、自己保身がはびこる忖度社会にあって、平手友梨奈は表現することに真っ直ぐで、自らの考えを何の思惑もなく主張する。当然ながら、本人も自覚しているように周囲の大人達との間に軋轢を生む。人気も実力も評価されているのだから、もっと楽に生きればと思うのだが、彼女はそういう生き方はしない。規範に捉われず、世に迎合しない彼女の行動は時に誹謗中傷の対象になり、結果、生き辛さを増幅することになる。これは、芸能界にあって稀有な存在なのだ。

このように不器用な生き方をする平手には、世にいう「推し」と呼ばれるファンだけではなく、不思議なファン層が存在する。一つは、彼女のパフォーマンスとともに彼女の生き方を全面的に信奉する「信者」と揶揄《やゆ》されている人達、彼女の生き方に危うさを感じつつ己を託し応援する「保護者」と称される人達だ。

また、平手のファンに女性が多いのも良く知られている事実だ。平手が登場する舞台で、嬌声が飛ぶことは稀ではない。「媚びる」ことに敏感な女性にとって、平手の「媚びない」姿勢は頼もしいのだろう。

さらに特筆すべきは、平手と一緒に仕事をした人の中には「溺愛派」（TOKYO FMのスタッフが平手のことを〝大好きではなく溺愛だ〟と称したことによる私の造語）と呼ぶべき人達が相当数いる。業界人でもある彼等、彼女等は、平手の「信じ難いほど無垢な心」

と「既成概念を超えてくる予測不能のパフォーマンス」とのギャップに魅了され、クリエーターとして大きな刺激を受けているのだと思う。

本論では、彼女の存在が芸能界にもたらすものについても考えてみたい。

# 2

## 平手友梨奈を見つける

私が、平手友梨奈を初めて認識したのは、アイドルとしてではなく、『響 -HIBIKI-』という映画に出ている俳優としてであった。新聞か何かの映画評に「この映画をアイドル映画として敬遠するのであれば、それは勿体ない」との記述を見て、何か気になり映画館に足を運んだ。2018年9月のことだった。

当然、主演の平手友梨奈が名のあるアイドルであることを知らなかった。アイドル映画として私の記憶にあったのは、古くは山口百恵さんの『伊豆の踊子』（1974年）と比較的近くでは前田敦子さんの『もし高校野球の女子マネージャーがドラッカーの『マネジメント』を読んだら』（2011年）くらいで、共に映画初主演であったようだが、特に印象に残るものはなかった。

平手について何の予備知識を持たず『響』を観たのである。高校生である天才小説家〝響〟を演じた平手の、その凛とした佇まい、台詞、表情などは、演技論で言えばオフビート芝居を感じさせるもので、十分な演技の訓練を受けたとは思えない17歳の少女がこれをやってのけることが信じられなかった。日本アカデミー賞新人賞授賞式で、平手の演技について、西田敏行氏が述べた「あまり表情は変わりませんが、心の中では青白い炎が動いていて、ものすごい燃焼度を感じました」との感想に通ずるものである。

月川翔監督は北川景子氏、小栗旬氏、柳楽優弥氏、北村有起哉氏、野間口徹氏など達者な役者を脇に配し、主役を盛り立てようと配慮したのだろうが、どの場面も光源は平手にあり、その心配は全くなかった。

この作品の制作に関し、月川監督がインタビューに答えている（TVLIFEweb「平手友梨奈×月川翔監督 インタビュー」2018年9月12日付記事）。特に、平手とのやりとりの話が面白い。最初に渡された台本を平手が「つまらない」と言ったエピソードは有名だが、月川監督がリハーサルに入る前に、そのしっくりこない部分を頭から確認していく段階で、平手は「賞を獲るか獲らないかを中心に物語が進んでいくけれど、響はそれには興味ないと思うんです」と言い、原作にある動物園の場面を入れることを提案、月川監督も納得し、それを受け入れている。確かに、この考えはこの作品の肝であり、平手が単に演者に留まらず、この時既にクリエーターとしての資質を持っていた証左である。

この動物園の場面で印象的なのは、芥川賞の選考期間絶交していたライバルでもある同じ文芸部のアヤカ・ウィルソンさん演ずる凛夏が響に、作品を手厳しく批判されたにも拘らず「また、書きたくなっちゃった」と言った時の、響の「おかえり」という台詞と表情は、考えられないくらい秀逸である。

それにしても、演技に関し大した実績があるわけでもなく、それでも、なかなかリハーサルにも入ろうとしない平手に辛抱強く接し、「演技は嘘をついているようで嫌だ」と言っていた彼女をその気にさせた月川監督は流石である。月川監督は「平手さんは演技をしてやろうという欲が一切なく、ただ、本当にキャラクターとして存在していた」と述べている。共演者の北川景子氏も「私たちは一生懸命役に入ろうとして必死に集中しようとするが、彼女の場合、スイッチが入ったとか、役に憑依したという感覚もなく、自然にやられている」（『響 -HIBIKI-』公開初日舞台挨拶」2018年9月14日の発言―取材・文／久保田和馬氏）と評している。

アイドル映画でなければ、この映画はどんなジャンルに属するのだろうか。それを見事に看破したのはコラムニストの堀井憲一郎氏で、「主人公の女子高校生はハードボイルドに生きており、自分独自の規範で動くサム・スペードやフィリップ・マーロウたちと同じである。………そして、この映画の平手友梨奈はかつてのハンフリー・ボガートや松田優作に見えてくる」と述べている（現代ビジネス「60歳のコラムニスト、映画『響』で改めて平手友梨奈にヤラれる」2018年10月5日付記事）。

ハードボイルドに生きるとはどういうことなのだろう。それは、正義感や信念という上っ面の規範ではなく、人の心の底に静かに横たわる「誇り」や「矜持」から滲み出る規範だろう。そして、人間を判断する基準は、社会的地位や過去の名声ではなく「今を良く生きているかどうか」だ。ソクラテス哲学なのだ。また、響が暴力をもってしてでも助けようとするのは友達や近くにいる具体的な人物で、人類愛などという象徴性は全くない。平手友梨奈演ずる響は、これを平然とやってのけている。

平手の歌声を最初に耳にしたのもこの映画である。エンドロールで流れる『角を曲がる』を唄う彼女の声質は女の子にしては低めで柔らかく、適度に抑制された表現も魅力的であった。曲そのものも良くできており、勝手に想像していたアイドルが歌うものとは思えなかった。そして、この曲は映画のためだけのものという如何にも平手らしい思いから、CD発売も配信もなく、暫く封印されていた。

それが解かれたのは2019年9月、欅坂46の平手友梨奈として最後のライブとなる東京ドーム公演最終日のダブルアンコールであった。多分、グループを離れることを決めた上で、映画『響』の制作に携わった監督、共演者、スタッフなどへの平手なりの感謝の気持ちであったのだろう。この東京ドームのパフォーマンスを見て、作詞した秋元康氏は、この曲を映画の主人公の響というよりはそれを演ずる平手友梨奈に向けて書いたものと確信した。「独り占めしてたはずの不眠症が私だけのものじゃなくて落胆した」という秀逸なフレーズが想起させる夜更けの街を背景に、求められるアイドルらしさとその先にあるものを探し続けたいという心の葛藤は、平手の心情そのものであったと思う。

# 3 平手友梨奈のアイドル修業

「平手友梨奈」を見つけて以降、公開されている映像作品（映画、ドラマ、ミュージックビデオなど）、YouTubeなどに残る映像情報（作成者が明確なもの）、音声情報（ラジオ番組など）、活字やウェブ媒体情報（原則として署名入著作）を見て、聞いて、読んで少しずつ情報を得ていった。ただ、握手会、ライブコンサート、舞台挨拶などには行ったことはない。

平手がアイドルグループ「欅坂46」で活動を開始したのは2015年8月、当時14歳の中学2年生でグループ最年少であった。グループを離れるのは2020年1月であるからグループとしての活動期間は約4年半である。その活動ぶりをつぶさに見ていく。

私は、活動を始めてから2年後の2017年7月には、平手はアイドルとして完成していたと思っている。この時期までに、メンバー総出演ドラマの2作目『残酷な観客達』、4thシングル『不協和音』、1stアルバム『真っ白なものは汚したくなる』が発売され、それまでの集大成として7月に富士急ハイランドのコニファーフォレストで野外ライブ『欅共和国2017』が開催された。

ライター照沼健太氏はウェブメディア『KAI-YOU』2017年7月25日付記事の中でこのライブを「不完全な欅坂46と完全な平手友梨奈。初の野外ワンマンで少女たちは何を見せたのか」と評してレポートしている。慧眼である。16歳になったばかりの平手友梨奈はこのライブで、オープニングのフラッグフォーメーション、真っ赤なスーツを着てハーレーダビッドソンで現れ、会場の長い通路を目一杯使って披露するソロ曲『渋谷からPARCOが消えた日』、今や伝説となっている『不協和音』、AKBと坂道グループから選抜されたメンバーによる坂道AKB名義の楽曲『誰のことを一番 愛してる?』(平手がセンターを務めていた)、平手の秀逸な煽り風の曲紹介で始まるアルバム曲『危なっかしい計画』など、アイドルとして全ての面で完成の域に達している。

私は、平手のこの2年間を「アイドル修業期間」と考える。日本においてアイドルであるためには、基本である歌とダンスの他、アイドルビジネスの必須のアイテムである「握手会への参加」(新型コロナ以降、大きく変質している)、「バラエティ中心の冠番組への参加」「ファンへ向けてのブログ」(欅坂46の場合)の定期的発表」をこなさなければならない。また、有力メンバーはライブやテレビ番組でのMC、ラジオのDJの役割が求められる。これらイベントでの活躍は人気にも反映し、歌やダンスと別の資質が見いだされ、活動の幅を広げていくケースも稀ではない。しかし、平手友梨奈に関して言えば、デビューから2年目を迎えた2017年7月の段階で、これらイベントへの参加は消極的になっていく。

「握手会」はデビュー以来、普通に参加していたが、2017年6月24日午後8時頃、幕張メッセで行われていた握手会において、24歳の男が、平手ともう一人のメンバーがいたレーンで発煙筒を焚く事件が起き、男が刃渡り12・6㎝の果物ナイフを持っていたことから大騒ぎとなった。裁判において、男は騒ぎを起こすことがメンバーを誹謗中傷から守ることになると供述しているが、量刑が「懲役2年　保護観察付執行猶予3年」とそれなりに重い判決であったところを見ると、殺意があったと思われたのかも知れない。

これ以降、平手は握手会に出なくなる。この事件が影響していることには間違いないが、もともと握手会に理不尽さを感じていたこともあったのだろう。時に、握手会に来て、少女相手に説教する大人がいるそうだが、思春期真っ只中にいる大人嫌いの平手には許し難いことだったと思う。ただ、全国握手会などで行われるミニコンサートには出ていたし、その際には握手会が終わるまで控室で待機していたとの証言もある。

2015年10月、冠番組『欅って、書けない?』がテレビ東京で開始される。(この番組は、グループ名が変わっても継続中である)メンバー全体だけではなく、メンバー一人ひとりの魅力を引き出すためのバラエティ番組で、穏やかな企画もあるが、こんなことをさせる必要があるのかというような被虐的な企画も多い。そして、この過程でバラエティに向く人材が掘り起こされる。ただ、この欅坂46はどちらかというと内向きのメンバーが多く、バラエティに向く人材は少ない印象だった。平手は、デビューから一貫してセンターである責任もあり、当然、番組に参加していた。最年少のこともあり、メンバーに可愛がられ、弄られつつも楽しそうにしていた印象がある。また、日本テレビで放映されたバラエティ番組『KEYABINGO!』でも漫才コンビのサンドウィッチマンを相手にコメディエンヌの才を発揮していた。冠番組でメンバーのアイドル適性を格付けする企画でも平手は最上位でありバラエティも十分こなせるのだ。

ここでも、ある時期から冠番組に参加する頻度が少なくなる。番組に出ると、自分の意思に関わりなく、自分だけに脚光が当たってしまうことを避けたい気持ちもあったに違いないが、番組で要求されるものが、自分が求めている「表現すること」と余りにも落差があることを認識し始めたのであろう。そして、これもアイドル修業の終わりの時期と符合する。

平手友梨奈の最後のブログは、2017年の12月に発表されたもので、それは感性の豊かさを思わせる散文詩風の内容で、その最後を「僕は自分に正直に生きたい」という一文で結んでいる。多分このブログは、月末の紅白終了後、メンバーにグループを離れたいと伝えていることから、本人は最後のつもりだったような気がする。このブログは5か月振りなので、実質的には、平手のブログは2017年7月で終了しており、アイドル修業の時期にこれも符合する。

そもそも、平手は歌、ダンス、演技を通しての表現は別にして、自ら積極的に発言することはあまりない。インタビューにしても、口数は少なく、言葉選びも慎重で、いわんや自らの言動を説明することはない。結果、自らについては清々しいほど言い訳をしない（ただ、後述するロック系音楽雑誌「ROCKIN'ON JAPAN」（以下「ロキノン」という）のインタビューでは、コンセプトが異なることもあり平手は結構饒舌で、他のインタビューとは違う印象だ）。

この時期を境に、平手はアイドルに求められる副次的なイベントを徐々に剝がしていき、より良い表現を探求する時間や空間を増やしていったのだ。ただ、残念なことに、このことが、新たな誹謗中傷を招くことになるのだが。

平手はセンターであったことから、ライブでのMCだけではなく、テレビの歌番組やバラエティ番組ではグループを代表して対応し、2016年4月に始まった欅坂46の『こちら有楽町星空放送局』（ニッポン放送）の初代メインパーソナリティーを務めている。MCにはライブでの「曲と曲との間のおしゃべり」の意味もあり、平手は初めの頃、ここでも中心的な役割を果たしていたが、徐々に他のメンバーに任せるようになる。平手は、ある時期からライブにおけるMCの必要性にも疑問を感じるようになった。実際、そのセットリストと演出に平手が強く関わったとされる2019

年5月の「武道館公演」では、MCは舞台準備の時間稼ぎだったし、平手の最後のコンサートとなる「東京ドーム公演」ではMCには登場するものの一言も発言していない。この公演で発した言葉は、ダブルアンコール『角を曲がる』を披露した後の「有難うございました」のみであった。

平手友梨奈にとって、アイドル修業の終わりが苦悩の始まりだったのだ。この時期、秋元康氏も「平手は目指している場所が違う」と発言している。その苦悩の一端が垣間見えるのがドキュメンタリー映画『僕たちの嘘と真実 Documentary of 欅坂46』の一場面だ。2017年8月の全国ツアーの名古屋公演を平手が突然欠席する。運営は平手と話したことを告げ、欠席の理由をメンバーに「(直前に参加した)『ROCK IN FES. 2017』で勝ちにいったのに思うようにできなかった。今は、パフォーマンスに自信が持てない」と伝える。興行の世界には、「Show must go on」(何があってもショーは続けなければならない)という言葉があり、平手の行動は問題視されて当然なのだ。しかし、この段階で、平手の目標は既にアイドルだけの世界ではなく、ロックを含めたもっと広い音楽世界であり、折角与えられた新しい場で爪痕を残せなかったのはショックだったのだろう。(これは自己肯定感が低い平手の一方的な思いであり、実際には、欅坂

46が公演したFESの最も大きい会場は人で埋まり、ロックファンの評価も高かった）

その後、全国ツアーに復帰し、通常運転をしていたが、最後の幕張メッセでは、ソロ曲『自分の棺』（初披露）から『不協和音』へのアンコールにおいて、「メンバー同士が争い、平手が凶弾に倒れ、血染めのままパフォーマンスする」伝説の舞台を演出している。

平手はこの時の心境をロキノンのインタビューで「最終日だけダブルアンコールをやって、いつもの〝不協和音〟と違うことをやりたくて。あれは『欅共和国』の時からやりたいと言っていたので、すごく良かったです。あれじゃなきゃ、ステージに立ちたくなかったかもしれません」と語っている。これは、ビーンボール紛いの曲（『自分の棺』）を投げてきた秋元康氏への平手友梨奈の意趣返しのような気もする（この映像記録は、2020年10月発売のベストアルバムに収録される予定だったが、取り止めとなっている）。

さらに、アイドルの副次的な活動として、アイドルグループの場合、有力メンバーにはファッション誌の専属モデルへの起用や個人写真集の発行がある。選定基準が論功行賞的なものなのかよく分からない。写真集は、水着や下着姿になることが要件なようで、これもアイドルビジネスの重要な側面なのだろう。平手の場合、ファッションモデルとして評価が極めて高く、むしろ専属でないことで活躍の場を広げていたようだし、写真集は当然ながら出していない。平手自身の意向なのだろう。

2017年12月、先に紹介した最後のブログを発表し、FNS歌謡祭において平手友梨奈の最高傑作の一つとされる平井堅とのコラボ『ノンフィクション』を披露し、ドキュメンタリー映画によれば、NHK紅白で『不協和音』を披露した後、メンバーにグループを一旦離れることを告げるのである。ここが、ある意味、アイドルとしての平手友梨奈の終焉である（この時は、メンバー全員が強く引き留めたため実現しなかった。運営が何を考えていたかは何も語られていない）。

# 4 欅坂46の平手友梨奈

平手友梨奈をリアルタイムで追うようになったのは映画『響』以降なので、デビューからかなりの期間は、多様な資料（映像記録を含め）から活動を掘り起こす作業であった。その意味で、時代を共にしたという感覚は希薄であるが、起きた様々な事象を冷静に考えることができたと思う。

平手が欅坂46にいた期間は、2015年8月の加入から2020年1月の脱退までの約4年半である（平手自身は、脱退当日のラジオの生放送で「欅坂46を離れることになりました」という言葉を使っている。平手の心情と言語感覚からすれば、何も成し遂げていないのに「卒業」という言葉は使いたくなかったのだろう）。アイドルの世界で一時代を画した彼女がグループを離れたのは18歳であり、普通ならこれからアイドルを目指してもおかしくない年齢である。欅坂46は2020年10月に櫻坂46に改名したが、この間、新しいセンターは誕生せず、楽曲も配信限定なので、実質、平手友梨奈がいた時期が欅坂46であったと言える。

欅坂46とは何だったのだろう。2015年8月の結成時の22名は（その後、若干の異動あり）、全国各地の審査を勝ち上がり、約2万2000人の中から選ばれメジャーアイドルグループの一員になることが約束されたTop of topsだった。中には、アイドル経験がある者もいたようだが、ほぼ横一線でスタートし、約半年の訓練期間を経て、2016年4月に『サイレントマジョリティー』でデビュー、CD売上など数字的な面での快進撃だけではなく、その誕生は社会現象ともなった。

当時、欅坂46を全く知らなかった私でさえ、「中学生なのにセンター、ナチス風の制服、痴漢を容認するような歌詞」が話題になっていたことを覚えている。これらマイナスとも捉えられる話題作りは、当時、アイドルグループの中心にいたAKB48や乃木坂46とは異質なグループという意味合いが込められていたのだろう。

欅坂46の表題曲は『サイレントマジョリティー』から2019年2月発売の『黒い羊』までの8作品で、その他、全員参加のカップリング曲、複数のメンバーによるユニット曲、メンバーのソロ曲、アルバム曲などを含めると44作品ほどあり、その多くが奇跡的と思えるくらい優れている。このうち、他のメンバーによるユニット曲やソロ曲を除く殆ど全ての作品で、平手がセンターに立っている。このため、ライブでも音楽番組でも平手がセンターにいるので、「欅坂46＝平手友梨奈」との印象が出来上がってしまった。平手の独特の存在感や表現力が突出していたため、力のあるメンバーが揃うグループ全体のパフォーマンスに日が当たらないように見えたのは不幸以外の何ものでもない。

欅坂46は、誰が作ったのだろうか。メンバーはさて置き、主要人物は作詞家を兼ねる総合プロデューサーの秋元康氏、所属プロダクションの責任者で欅坂46運営委員会委員長である今野義雄氏、振付師のTAKAHIRO氏（上野隆博氏）、作曲家はコンペ方式を採用しているようだが、印象的なのは音楽ユニット：バグベア（『サイレントマジョリティー』、『不協和音』）と音楽ユニット：ナスカ（『黒い羊』、『角を曲がる』）、それにミュージックビデオの監督である池田一真氏（『サイレントマジョリティー』、『世界には愛しかない』）と新宮良平氏（『二人セゾン』、『不協和音』、『ガラスを割れ！』、『黒い羊』）、さらに、他のアイドルグループと一線を画す魅力的な衣裳を作った尾内貴美香氏であろう。そして、秋元氏や今野氏の主導の下、各人物が、それぞれの役割を果たす中から生み出され、新しいアイドル像を背負ったのが欅坂46だったのだ。

秋元氏が欅坂46を誕生させた時点で、その行く末をどこまで考えていたか分からないが、それを示唆するシーンが欅坂46のドキュメント映画にある。彼女たちの初のワンマンライブ（2016年12月：有明コロシアム）後だと思われるが、秋元氏がメンバーを前にして話をする場面がある。そこで、「君たちはアイドルとはこういうものだと考えすぎずに、もっとメチャクチャでよい。私たちが新しい道を作るのだ、全ては『欅坂46』から始まったという新しさがほしい」と語っている。それを聞くメンバーの中、一瞬アップされる平手友梨奈の15歳の少女とは思えない目を瞠った真剣な表情が印象的だ。

そもそも、秋元氏には、物事に関し「こうあるべきだ」という考えはない。だから、行くとこまで行ってみて、後は様子を見て対応するのが秋元流なのだと思う。ただ、欅坂46についてはこれが通じなかったのだろう。平手は最後まで『欅坂46』から始まった新しさのその先を求めていたのだ。最後の表題曲になった『黒い羊』の次の表題曲と目された『10月のプールに飛び込んだ』をセンターとしてパフォーマンスすることに、強く抵抗したのは平手にとって当然のことであり、欅坂46は瓦解する道しかなかったのだ。

そして、運営はビジネス上の問題もあるのだろうが、残ったメンバーで「櫻坂46」と改名しグループを存続させた。「欅坂46」を惰性で継続することなく、思い切って封印したことは良い選択だったと思う。将来、「欅坂46」の系譜を受け継ぎ、その先を目指すグループの誕生が見通せるのだ。

欅坂46が乃木坂46の新プロジェクトとして構想されたことを考えると、デビュー作の『サイレントマジョリティー』は素晴らしい出発点だった。AKB48やその系譜にある乃木坂46とは歌詞、曲調、ダンス、衣装、渋谷の再開発工事現場を背景にしたMVなど明らかに新しい方向性を意図したものだ。そして、センターに抜擢された最年少14歳の平手友梨奈の存在だ。先輩アイドル高橋みなみさん（AKB48）は、平手をして「いきなり、あんなにセンターが似合っちゃう人っているんだなー」と話している。

日本ではあまり話題にしないが、センターの役割はダンスの中心にいるだけではなく、歌唱におけるリードボーカルの役割も大きい。『サイレントマジョリティー』の低音の歌い出しは、そんなに易しいとは思えないが、彼女の歌唱は安定しており、メンバー全体の歌唱もバランスが取れている。パフォーマンスに関心が行きがちだが、歌唱面から見た欅坂46も優れていると思う。それは、リードボーカルの役割を担う平手の安定した歌唱力と中低音を担当するメンバーが比較的多いことから生まれた独特のハーモニーが、欅坂46に求められる表現にマッチしたものだと思える。平手が継続してセンターを務めた理由の一つに、リードボーカルとしての資質があったと考えてみてもよいだろう。

平手は、このデビュー作をどう見ていたのだろうか。ロキノン編集長小柳大輔氏のインタビューで「最初に聞いたのはメロディーだけだったんですよ。歌詞カードを渡されて『ああ〝大統領〟って言っちゃうんだ』『〝大人たちに支配されるな〟って言っちゃうんだ』と思ったが、それは衝撃的ではなく、それより、センターだって言われたので、振り入れとか歌とか、どうしようってのが先でした」と述べている。また、「今は、曲の世界に入り込めるんですけど、最初はできなかったんです。取りあえず歌って踊ってたので、だから、なんで『サイレントマジョリティー』のMVが評価してもらえたのか、自分ではわからないんですよ」と冷静に語っている。

この曲のMV再生数は既に1億8千万回を超えており、欅坂46の代表曲というだけではなく、この時代を象徴する曲となっている。また、2022年度高校教科書「新歴史総合」(第一学習社)の〝民主主義の成果を守りつづけるために〟の項に歌詞の一部とMVからの写真が掲載され、影響が広がりをみせている。


2作目の『世界には愛しかない』は不思議な作品だ。MVの撮影地も渋谷の再開発工事現場から風力発電用の風車を背景にした北海道の広大な草原に変わり、爽涼感に満ちた曲なのに歌詞には、「最後に大人に逆らったのはいつだろう?」「誰に反対されても(心の向きは変えられない)」など思春期特有の生きることへの戸惑いが表現されている。そして、表題は「世界は愛に満ちている」ではなく『世界には愛しかない』なのだ。全肯定は全否定でもある。

秋元氏はどんな詞でも書ける。この曲の最後では、平手にポエトリーリーディングで「僕は信じてる。世界には愛しかないんだ。」と言わせている。一方、平手のソロ曲『自分の棺』では「本当の愛などあるものか　信じた奴が悪いんだ」と歌わせている。欅坂46の曲を世界観などという言葉で一まとめにする必要はない。秋元氏が生み出す詞は、魅力的で、印象的なフレーズの積み重ねが特徴で、必ずしも、全体として統一が取れているわけではない。秋元氏は詞の洗練度や解釈を拒否しているのかも知れない。

この楽曲の不思議のもう一つは、体育館での平手の叫びから始まるMVである。監督の池田一真氏は「ダンスの振付けで、叫ぶような動作が入っていたのですが、そのシーンを撮る時、彼女が突然、大声で叫んだんです。凄いなと思って。だから、あの声はカメラについているガイド用のマイクで録れていた音源を使っています」と述べ、作曲の白戸佑輔氏は「15歳の誕生日を迎えたばかりの少女がアドリブで叫んで、監督に凄いと思わせ、構成を変更させた」と感激している。何故、平手がそのような行動をとったかは不明である。深読みすれば、曲の最後『世界には愛しかない』と対となることを意図したのかも知れない。

平手が天才と呼ばれることは稀ではない。ただ、天才と片付けてしまうとそこで終わってしまう。しかし、誰も思いつかないことを無自覚（多分）にやってしまうことを名付ける言葉は「天才」以外ないような気もする。このケース以外にも、MV『黒い羊』の屋上へ向かう階段での叫び（無音処理されている）と屋上でのパフォーマンス、2018年全国ツアー幕張会場における『ガラスを割れ！』のステージ上での叫びと花道への飛び出し（その後、舞台から落下）など、誰もやらないし、できないだろう。クリエーターにとっての平手の魅力は、その中に危うさを内包している故かも知れない。

『語るなら未来を…』は、『世界には愛しかない』のカップリング曲である。作品の出来としては、こちらが表題曲でもおかしくない傑作である。この曲は欅坂46でも『Student Dance』と並ぶ代表的なダンスナンバーで、結成1年でここまで魅せるダンスは見事で、振付師TAKAHIRO氏の指導の賜物だ。なお、このMVでは平手以外のメンバーが結構フィーチャーされていることも注目される。

歌詞は、若者に向けたメッセージというよりある程度人生経験を積んだ大人に向けた人生訓だ。「もう　失った人生なんて語るな　ほんの一部でしかないんだ　手に入れたのは脆い現実と飾られた嘘のレッテル」「今だから言えることは語るな　墓の中まで持って行け」はまさに大人へのメッセージだ。そもそも、自分を飾らずに過去を語るのは無理なのだ。だから、過去を語るなということだ。一方、語るべき未来も空疎だ。未来など抽象性の塊で、語ること自体無意味なのかも知れない。この曲の真髄は〝語るなら〟なのである。驚くべきは、ここでメッセージ化された生き方を、平手友梨奈が体現していることなのだ。彼女は、過去に積み上げてきたものを平気で捨ててしまうし、未来など何も考えていないだろう。

3作目の『二人セゾン』は、刹那を生きる思春期を描いた抒情的なナンバーで、アイドルソングとしての人気が高い。ゲスの極み乙女の川谷絵音氏も「アイドルソングのトップ3に入る」と絶賛している（『この歌詞が刺さった！　グッとフレーズ』TBS系2022年8月12日放送での発言）。もう一歩踏み出せなく恋が成就できないもどかしさ、そして季節が終わる。ダンスはバレエの要素が多く取り入れられ、躍動感に満ちた映像は完成度も高い。また、ターンすると美しく広がるスカートとその裏地に見え隠れする赤色の衣装が見事で、尾内貴美香氏の傑作の一つと言えよう。MVの後半、「花のない桜を見上げて満開の日を想ったことはあったか？」のところで、平手がソロで踊る場面があるのだが、内村光良氏がテレビで彼女のその練習風景を見て日本刀のようと称したキレのある表現が印象的だ。
この3作目と同時に出されたメンバーの個人PV（プライベートビデオ）に『てち浪漫』という小品がある。これは、2016年テレビ東京で放映されたドラマ『徳山大五郎を誰が殺したか？』の監督を務めた豊島圭介氏と音楽を担当したスキャット後藤氏の共同制作による平手を使ったPVでわずか1分弱の作品である。ここで見せる15歳平手の色気がすさまじい。これは演技というより被写体そのものとして平手の魅力であり、豊島氏が別のところで、平手を使って映画を撮りたいと語っていたが、とても良く分かる話だ。なお、この『徳山大五郎を誰が殺したか？』の脚本には徳尾浩司氏が参加しており、後日、『六本木クラス』の脚本を担当するのも何か因縁を感じる。

欅坂46のイメージを決定づけたのは、4作目として発表された『不協和音』だろう。歌詞としてはデビュー作『サイレントマジョリティー』で「One of them に成り下がるな」「この世界は群れていても始まらない」と歌っているものから、「不協和音で既成概念を壊せ！　みんな揃って　同じ意見だけではおかしいだろう」「一度妥協したら死んだも同然　支配したいなら　僕を倒してから行けよ！」と、より直接的で過激な内容に変化している。また、振付けも激しさを増し、ライブでのメンバーの消耗も厳しいようでパフォーマンスする機会も少なかったようだ。

この曲が広く知られるようになったのはＮＨＫ紅白で2回披露（最初は２０１７年で、総合司会の内村光良氏とのコラボを含め2回演奏され、その2回目ではメンバー数名が過呼吸のような症状で倒れ話題になり、２０１９年は平手の欅坂46最後のライブパフォーマンスとなった）されたこともあるが、２０２０年、香港の民主活動家周庭（アグネス・チョウ）氏が「警察に逮捕・拘束された際、『不協和音』の歌詞を頭の中で思い浮かべた」とのコメントが広く報道されたことにもあるだろう。

この曲には、有名な「僕は嫌だ」との台詞（叫び）がある。ところで、僕は何が嫌なのだろうか。歌詞には「君はYesと言うのか」「軍門に下るのか」という台詞がある。それを考えると、自らの身に迫る不協和音を認めない〝同調圧力〟なのだろうか。この台詞はフルバージョンの場合、1回目と3回目を平手が発し、2回目を他のメンバーが担当する。ここで注目すべきは、不協和音を披露した代表的なライブである「欅共和国２０１７」「全国ツアー２０１７年の幕張メッセ」「２０１９年の東京ドーム公演」「2回のＮＨＫ紅白歌合戦」での「僕は嫌だ」の表現が全て違うことだ。ただ、これは一つの例で、平手は全てライブで表現を変えてくる。多分、そのときそのときの会場の空気感に呼応する彼女独特の肌感覚なのだろう。このことは、一緒に踊るメンバーも証言しており、彼女たちも緊張を強いられているようだ。

平手は、表現の「一回性」に拘りがあり、テレビ番組でも、制作者側に特段の制約がない限り、生放送に徹している。2021年1月に1回だけテレビ放映されたデジタルハリウッド大学の長時間CMは「本物の反応を見せたい」との平手の意向により、リハーサルなしの一発撮りで制作されたものである。

欅坂46のドキュメンタリー映画に『不協和音』のMVの撮影風景が出てくる。キャプテンの菅井友香さんは撮影の間、「てち」(平手の愛称)が目を合わせてくれなかったと言い、副キャプテンの守屋茜さんも不協和音から平手の様子が変わったと証言している。このことについて、平手はロキノンのインタビューで「周りのみんなからの視線をすごく感じるときもあったし、いつも何かを言われているような気もしたし、誰ともしゃべりたくなかったし。そんな時期に『不協和音』っていう曲が来たので『え?』とは思わなかったですよね。普通に『うんうんうん』『これ、私の気持ちじゃん』みたいな感じになって歌いました」と述べている。

5作目の『風に吹かれても』では、同時に発表されたカップリング曲『避雷針』の方に魅力を感じる。歌詞に「そんな不器用さを守るには　僕がその盾になるしかない世の中の常識に傷つくのなら　君の代わりに僕が炎上してやるさ」「君は君のままで……　どんな理不尽だって許容できるさ　気配を消して支える」とある。秋元氏は、この曲を「ネット社会に置かれた多感な少女である欅坂46へ向けての手紙である」と述べているが、一部ファンは平手への当て書きだと強く信じているようだ。歌詞を吟味してみると、歌詞の視点が揺れているので、はっきりとは言えないものの、これは見事な恋文だ。秋元氏は、作詞を0から1を生み出すのではなく、0・1から1を生み出すものと述べている。誰かの一寸した言動を受け止め、それを作品に昇華させることに関して秋元氏は名人だ。その中でも、平手友梨奈の感性から発せられる情報（仕草、会話、生きる姿勢、行動など）はとても大事にしていたと思われる。ソロ曲は勿論、グループ曲でもこの『避雷針』以外に、少なくとも『制服と太陽』『不協和音』『黒い羊』はそのように生まれたと考えられる。

『風に吹かれても』の特典DVDとして、アルバム『真っ白なものは汚したくなる』

に収められている『月曜日の朝、スカートを切られた』のMVが収録されている。この曲は、表題曲をも超える名曲だと思う。新たな活動が始まる月曜日、通勤・通学電車、良く晴れた朝という日常があり、その中に、行き場が見つからない少女と憂さ晴らしでしか自己を表現できない疲れ果てた男が交錯する。平手が目に見えない誰かに向かって叫ぶ「あんたは私の何を知る?」が、日常に潜む闇を白日の下に晒す。なお、この曲には、駅地下のコンコースで踊るMVとは別に、ドキュメンタリー映画に、2017年の全国ツアー・幕張メッセ会場で収録されたライブ映像がある。何台かのカメラを切り替えながら映し出す、舞台を縦横に駆使した映像が素晴らしい。

6作目の『ガラスを割れ!』はロックそのものだ。MVのロケ地は巨大な工場跡地で、平手がテレビを蹴り飛ばすところから始まり、自らの腕の怪我を戯画化するかのように三角巾や包帯を燃え盛るドラム缶に投げ入れる。メンバーにダンサーも加わって前進してくる丈の長い黒いMA−1姿の群れ(平手だけは赤いMA−1)は迫力に満ちている。後半の平手がソロで踊る場面は、新宮監督が、カメラを回しっぱなしにして、何の注文も付けずに、好きなようにパフォーマンスさせたようで「16歳平手のドキュメント」と評している。この場面は『黒い羊』の屋上でのソロパフォーマンス、東京ドーム公演2日目のダブルアンコールで披露した『角を曲がる』でのソロパフォーマンスと共に長く記憶に残る名シーンだ。

この曲と同時に発表された中に、平手のソロ曲『夜明けの孤独』がある。「誰にも気付かれず　どこかに消えてしまいたいよ」と歌うこの曲は、攻撃的な『ガラスを割れ！』の対極にあり、秋元氏が平手に与えた曲の中で、最も彼女の心情に寄り添ったものであろう。欅坂46の最後のアルバム『永遠より長い一瞬～あの頃、確かに存在した私たち～』に、平手がこの曲をピアノの弾き語りで歌うシーンが収録されているが、とても貴重な映像だ。そして、対極にあるこの二つの曲を何の壁もなく表現してしまうことが、彼女をして代替無用の表現者としているのだ。

また、『夜明けの孤独』は、「24ｈコスメ」のＣＭに使われている。スポンサーサイドからの強いオファーにより、当時高校1年生の平手がブランドミューズに選ばれたようだが、成田洋一氏の平手を使ったＣＭが素晴らしい。森の中を走るロングバージョンのそれは、独立した映像作品になっている。

7作目の『アンビバレント』は、平手が最も楽しそうにパフォーマンスする曲だ。アンビバレントとは、相反する感情の間で揺れ動く様子で、この曲の歌詞には「孤独なまま生きていきたい……だけど一人じゃ生きられない」、「ちゃんとしていなくちゃ愛せない……ちゃんとしすぎてても愛せない」とある。秋元マジックだ。曲調も軽快で、冠番組でメンバーに最も盛り上がる曲を書かせたとき、殆どのメンバーが「危なっかしい計画」と書いたのに、平手は唯一『アンビバレント』と書いた。実際、ライブではこの曲を契機にスイッチが入ることも多い。MVでは、被写体の動きをスローモーションで見せる特殊な撮影手法を駆使し、全体として躍動感に満ちた素晴らしい映像になっている。その中でも、平手の鋭角的でありながら柔らかい身体の動きと視線の目まぐるしい変化は圧倒的である。また、ライブで見せるメンバー全員と触れ合う舞台全体を使った動きや側転（時には片手で）のパフォーマンスは彼女の運動量と身体能力の高さを物語っている。

『アンビバレント』は映画『響』の撮影で一旦グループを離れていた直後の制作である。平手は、ロキノンのインタビューで「なんか、ダンスをするのが恥ずかしくなっちゃって。もう、そこからでした。レッスンして、ボイストレーニングもして、パフォーマンスして、みたいな。もう一回、一から積みかさねてみたいな感覚がありました」と語っている。

8作目『黒い羊』は実質的に欅坂46最後の表題曲である。最後のシングル曲として『誰がその鐘を鳴らすのか?』が存在するが、これはセンター不在、配信限定なので、除外してよいと思う。MVはピアノの美しいメロディーとあいみょんの『生きていたんだよな』を思わせる飛び降り現場の映像から始まる。個々のメンバーは一定の役割を与えられ、主人公である平手と次々とダンスで絡んでいくミュージカル仕立ての内容だ。カメラは平手を追いながら移動し、やり直しのきかない一発撮りとなっている。圧巻は、最後の屋上のシーンで、白い羊の群れとなった群衆に一人対峙し、黒い羊の誇りと意地をかけて踊る平手の演技だ。まさに、誰でもができるパフォーマンスではない。

恐らくこの時期、平手は全身に痛みを伴うような最悪の体調だったと思う。事実、この撮影の約3週間後のNHK紅白は欠場し、披露した『ガラスを割れ!』は小林由依さんがセンターを務めている。

『黒い羊』は、本来、秋元氏から「もういいよ」との意味を込めた平手への惜別の曲なのだと思う。一方、平手は、ロキノンのインタビューで「欅坂のなかにこの曲があることで、ちょっと救われたじゃないけど、自分のいる意味をなんとなく感じたかもしれない」と語っている。

しかし、どう考えても秋元氏は欅坂46の一員としての平手に、この詞を書いた以上、この先は書けないし、グループのセンターを続けさせ、元に戻るようなアイドルソングを歌わせ、踊らせるのは無理なのだ。秋元氏も、運営責任者の今野氏も問題認識は共有しつつも、欅坂46の必須アイテムである平手の手を借りてアイドルグループとして存続させる選択をした。ビジネス的には間違いではないのかも知れないが、結果として9作目シングルの発売が遅れに遅れ、ついには平手の脱退、グループの改名に繋がったのだ。

運営に対する平手の発言力はとても大きく、運営も彼女の意見を尊重してきた。今野氏は、「欅共和国」は平手の命名と言っているし、彼女独特の作品に対する向き合い方を理解し、他からの批判をはねのけバックアップしてきた。当然、グループの将来の在り方についても話をしていたと思うが、最後はビジネスマンとしての大人の選択だったのだろう。平手は、「SEKAI NO OWARI」の番組に出演したとき、「大人はすぐに解決しようとする」と大人への不信を具体的に述べているが、運営と折り合わなかったのがよく分かる言葉だ。平手が運営に対して発言力を持っていたのは、彼女のクリエイティブな才能（セットリストや演出の提案）、スタッフやメンバーの支持（パフォーマンスへの信頼）、物怖じしない姿勢（地位や名声で他人を判断しない）など彼女の特性であり、秋元氏との関係やセンターとしての実績は結果論でしかない。

2019年5月の武道館公演で影絵を披露したことがある。これを指導した「劇団かかし座」の関係者にこじらぶ氏がインタビューした記事がある（ウェブメディア「コクハク」欅坂46武道館「影絵」指導者が語る秘話！ 2020年4月11日記事）。それによると「最初の打ち合わせの際、スタッフとともにメンバーとしては唯一平手さんが参加し、的確に打ち合わせを進めるその姿は、私が抱いていたアイドルのイメージと違っていて、大変落ち着いていた」「事前にスタッフと情報を共有していたと思われる」とある。そして、平手をして「可能性の塊のような方」と述べている。

『黒い羊』には、メンバーだけで一泊二日を共にする『KEYAKI HOUSE』というかなり長編の映像特典が付いている。メンバーが食事の材料を買いにスーパーに行ったり、メンバーが分担して夕食やデザートを作ったり、「欅共和国」のDVDを皆で鑑賞する様子が収められている。ライブとは異なる各メンバーのグループ内での立ち位置が様々で面白い。平手と言えば、石森虹花さんとペアになり、食事作りでは野菜を切ったり、バーベキューの準備など裏方に徹し、「欅共和国」の鑑賞では自身が映る場面でリモコンを取り上げ消そうとする様子が面白い。

9作目が『10月のプールに飛び込んだ』であったことは、ドキュメンタリー映画にあるMV撮影から推測される。冠番組で17名の選抜発表があったのは2019年9月上旬であるが、ドキュメンタリー映画には7月下旬のMV撮影と10月下旬の撮影再開のシーンがある。ということは、実際の選抜発表は7月下旬以前である。7月に参加していた平手は10月には不参加である。ドキュメンタリー映画では、今野氏がメンバーを集め「平手がこの楽曲をどう表現したらいいか分からないと言っている」と伝えている。『黒い羊』の後で、平手が「制服のままプールに飛び込んで、中指を立てる」という歌詞を歌えるだろうか。この楽曲は恐らく2期生二人のダブルセンターで完成させたと思われる。これを9作目として発売しなかったのは運営の選択だ。理由はよく分からない。平手の性格からすれば、これを成し遂げた2期生を応援していただろうし、発売されなかったことにむしろ申し訳なさを感じていたと思う。そして、この時期、平手は欅坂46での活動を年内限りとすることを決断したのだろう。

平手はもともと選抜制に反対なのだ。彼女が理想とする作品作りは、ロックグループのように、固定したメンバーがディスカッションし、クリエーターを巻き込んでチャレンジングな作品を作ることなのだと思う。

この年、欅坂46は11月から年末にかけて、テレビ出演が怒涛のように続き、年末最も忙しいアーティストと言われた。特に印象的なのは、11月3日のベストヒット歌謡祭（読売テレビ）で、乃木坂46の『Sing Out!』に続けて表題曲でもないカップリング曲『避雷針』をテレビ初披露したこと、12月11日のFNS歌謡祭（フジテレビ）で、これも表題曲ではないアルバム曲『月曜日の朝、スカートを切られた』を披露したこと、12月27日のMUSIC STAION ウルトラ SUPER LIVE（テレビ朝日）で、昼の部に『黒い羊』、そして夜の部に物語の続きのような演出で平手のソロ曲『角を曲がる』を披露したことである。

これらの番組には、平手最後の出演という状況もあったのか、各テレビ局の制作者陣の熱い思いが感じられた。ここで、欅坂46が世に知らしめたことは、他のアイドルグループとは一線を画す存在で、コリン・ウイルソンの概念を借りれば、「平手友梨奈率いる欅坂46」は日本芸能界のアウトサイダーだということだ。

そして、大晦日のNHK紅白が欅坂46平手の最後の舞台となる。前日のリハーサルでの平手の変調は明らかだったし、当日も病院で点滴を受けての楽屋入りであった。披露したのは、最も体力の消耗が激しい『不協和音』だ。2年前にこの曲を同じ舞台でコラボした総合司会の内村光良氏も心配そうだ。曲が始まる。平手は右手を突き出し、覚悟を決めた鋭い視線がアップされる。〝いける〟と確信した瞬間だ。その後の怒涛のパフォーマンスは圧巻だ。曲が終わる。内村氏が「よくやった。素晴らしかった。新不協和音だ」と称える。

この時の感想を堀井憲一郎氏は（YAHOO!ニュース2020年1月2日付記事で）「あの激しいダンスを2分半踊るってのは、たぶん、1000mを全力で走っているようなものだとおもう。平手友梨奈は全身を剣に変え、まわりのものを斬りまくっているように見え、迫力がすごかった。大丈夫だったんだろうか。彼女は自分も斬っちゃうところがあるからちょっと心配である」と語っている。紅白歌合戦というお祭りの舞台にあっても、平手センターの欅坂46のパフォーマンスは明らかに空気感が違うのだ。

この紅白の後、ドキュメンタリー映画に、平手がメンバー個々人に別れを告げるシーンがある。小林由依さんが「もう一緒にできないの」と言われたと証言しているが、何と悲しい言葉だろう。


明けて1月23日、平手の欅坂46からの脱退が公表される。同日夜のラジオで平手は脱退という言葉は使わず、離れるという言葉を使っている。この出来事は、ほぼ同時期に発表された乃木坂46のエースの卒業は芸能ニュースに留まったにも拘らず、平手の脱退は報道番組で取り上げられた。デビュー時もそうだったように社会現象なのだ。

別の視点で考えると、欅坂46は、この時点でアイドルグループからロックバンドに変質していたのだ。ロックバンドは、リーダーの音楽性をベースに結成され、リーダーが辞めれば即解散である。アイドルグループは横一線で加入し、中心になるセンターポジションは入れ替え自由だし、音楽的リーダーではない。欅坂46は、初期からの積み重ねもあり平手がパフォーマンスを含め音楽的リーダーであり、本来、辞めれば解散なのだ。

突出した才能を目の当たりしたとき、人はどのように行動するのだろうか。欅坂46のドキュメンタリー映画の重要なテーマだ。映画の冒頭に近いところに『世界には愛しかない』の練習風景の映像がある。フロントメンバーに課せられるリップシーン（顔がアップになり、歌っている唇の動きが映るシーン）に他のメンバーが苦戦する中、平手が何の苦もなく踊るところをメンバーたちが見入るシーンがある。悔しそうなメンバーたちの表情はある意味残酷だ。

さらに、平手が急遽欠席することになり舞台に穴をあけることになった際、運営がその対応をメンバーと相談する場面で、運営側の代替案の提示や叱咤激励にも拘らず、全員が無言で下を向いたままなのが印象的だ。要は、平手との競争は成り立たなくなっているのだ。メンバー個々の平手に関する発言を見ても、「平手は表現力があり、伝える力がある。私にはない」「平手は私たちが悩んでいることは悩んでいない。平手はもっと先のことを考えている」「バックダンサーと思うときもある。でも、平手の後ろだから踊れる」「正直、ファンの部分もある」など異次元の存在として捉えていることが分かる。映像として残るかも知れないインタビューなので、少し割り引かないといけないかも知れないが、平手の才能に疑問を持つものがいないことは確かだ。

ただ、怪我や体調不良による休みの頻発、自分勝手とも思える楽曲への没入、握手会や冠番組への消極的対応、運営との軋轢など、メンバー達には平手に振り回されているとの思いがあったことも確かだ。また、メンバーにはＡＫＢ48や乃木坂46のような従来の系譜に繋がるアイドルを目指した者やセンターを目指す者も当然いたと思うが、その彼女達が自ら所属する欅坂46に何を思い、何に悩み、そしてどのように行動したのか。平手を中心に前に進もうとする者、辞めていく者、平手抜きでグループを続けようとする者もいた。結果、「欅坂46」を封印し、「櫻坂46」と改名して新たな出発を遂げることとなった。

一方、平手はセンターでいることについては、最年少だし、実力も伴わないとの思いもあり、さらに、自分だけに脚光が当たるポジションに居続けることに遠慮がちだったのは明らかだ。ただ、2017年7月のＮＨＫの「SEKAI NO OWARI」の番組（詳細は後述）で、平手は「センターについては、今は吹っ切れている。そこで悩むぐらいならよい作品を作ることに集中したい」と述べている。

グループ活動について、平手は余り情緒的には捉えていなかったと思う。2018年7月の「坂道合同オーディション」のCM（平手友梨奈編）で、「私たちは、一つの作品を作るために一生懸命。だから熱くなるし、衝突もある。よい青春を送れない可能性もある」と表現している。他の坂道系アイドルを使ったCMも多々ある中、アイドル活動をここまで冷静に客観的に語るのは平手一人だ。

運営の幹部を別にして、スタッフの思いはどうだったのだろう。新しい道を進み続けるグループを積極的に支えていたことは事実だろう。ただ、平手に関して言えば、才能豊かとは言え、他のメンバーとの扱いの違いに違和感を持つスタッフや他のグループを担当するスタッフの一部に不満分子が存在していたとしてもおかしくはない。また、スタッフにとって、平手は扱い易い存在ではないはずだ。映画『さんかく窓の外側は夜』で共演した岡田将生氏、志尊淳氏と出演したテレビ番組『ボクらの時代』で、平手は、「『平手友梨奈』という人がいたら、絶対に私、その人のマネージャーやりたくないもん」と言い、その理由を「すごく面倒くさいしすごく厄介だから」と述べている。多分、普通の人ならスルーするようなことでも、彼女にとっては問題になるのだろう。ただ、これはあくまで作品や表現に関してのことであり、日常時に平手が何かを主張することはない。

スタッフとの関係で興味深いのは、ドキュメンタリー映画にある東京ドーム公演ダブルアンコールの『角を曲がる』の場面で、「もうできない」と言い舞台に上がることを嫌がる平手を、スタッフ数人が彼女を抱え、台車かトロッコのようなものに乗せ、「行くぞ、平手！」と声をかけ、舞台中央へ運ぶ場面だ。この一連の行動はスタッフにとってルーティン作業なのだろう。邪推すると、これは平手にとっても舞台に上がるルーティンで、そこには、スタッフと共犯者のような奇妙な信頼が成り立っているようにも見える。

それにしても、初期の平手は、メンバー全員に号令をかけ、率先して舞台に飛び出していたのだが。

# 5 ドラマの平手友梨奈

平手は、秋元康氏の企画・原作による深夜枠のドラマ2作品に出演している。一つは、『サイレントマジョリティー』でデビューしてわずか3か月後の2016年7月、テレビ東京で放映された『徳山大五郎を誰が殺したか?』で、欅坂46のメンバー全員が実名のまま出演しているミステリー学園ドラマである。建前は全員が主役ということらしいが、芝居の出来は個々バラバラで、印象に残るのは、最年少なのに一番クールで冷静な平手友梨奈、不登校の生徒を演ずる長濱ねるさん、何とも不思議なキャラクターを演ずる渡辺梨加さんで、当時の運営サイドの期待のほどがうかがわれる。

もう一つは、2017年5月に日本テレビで放映された『残酷な観客達』で、これにはメンバーそれぞれに役名が与えられている。このドラマは、教室に閉じ込められた生徒たちが、ネットでつながる視聴者に向けて何かの芸《ネタ》を披露して「いいね」の数が一定数になると脱出できるというルールの下、話が進んでいく。当然ながら、視聴者達（観客達）は適当で、いい加減で、無責任なので、生徒達はそれに翻弄されていく。ドラマとしてもっと面白くなりそうなのに、中途半端なものになっているのは否めない。それに、メンバー達の個性が十分発揮されているとは言い難い。

平手の最初の本格ドラマは、グループを離れて約1年後の2021年4月からTBS系日曜劇場枠で放映された『ドラゴン桜2』だ。到底合格が見通せない様々な生徒を東大に合格させる漫画が原作のドラマで、以前に放映されたパート1の10年後の設定になっている。平手は、原作にはないオリジナルキャラクターで、オリンピックを目指せるような全国屈指のバドミントン選手（岩崎楓）を演じている。見どころの一つは彼女の身体能力から発せられる動作のキレである。何の躊躇もなく階段から落ちるシーン、舞うように動く華麗なバドミントンシーンは記憶に残るものだ。同番組の飯田和孝プロデューサーは「制作側の思っている到達点を飛び越えて、難しいだろうと思っていたことも要求出来るようになった。想像を超える努力をしたんだと思う」（マイナビニュース「『ドラゴン桜』平手友梨奈　反省を繰り返し真摯に役作り」2021年6月13日付記事の平手の役作りについてのコメント）と述べている。その結果が、男子選手でも難しいとされるバドミントンの股抜きレシーブの披露なのだろう。

このドラマでは、第2話、第8話が平手演ずる岩崎楓が活躍する回となっているが、制作側の意図を汲み取り、それを超えてくる彼女の演技は際立っている。特に、バドミントンの道を強要する父親に対し、ただ盾をつくだけではなく、自分の考えを率直に述べ、協力を求めるシーンは息をのむ演技だ。平手のラジオ番組にバドミントンを指導した栗原文音さんと、ドラマでダブルスのペアを組んだ吉田美月喜さんがゲスト出演したことがある。平手は自らの演技を語るタイプではないのだが、珍しく、平手は吉田さんと対峙するシーンで、吉田さんの芝居を引き出すための工夫について述べている。これは、芝居全体が見えていないとできないことだ。

『風の向こうへ駆け抜けろ』はNHKの土曜ドラマとして前後編が2021年12月に放映された。地方競馬の「藻屑の漂流先」と揶揄《やゆ》されるおんぼろ厩舎が中央競馬のGⅠレースに挑戦する話である。平手は中央競馬の女性騎手であったが、結果が残せず、地方競馬に活躍の場を求めて移籍してきた役柄だ。ここでも、かなり練習はしたのであろうが、運動能力を生かした競馬特有のモンキースタイルの騎乗姿も様になっている。映像としても、撮影カーが競走馬と並行して撮ったシーンがダイナミックで、一方、おんぼろ厩舎の如何にもという汚らしさが半端なく見ものである。ドラマは、平手演ずる主人公芦原瑞穂のひたむきさに漂流してきた藻屑の男達が徐々にその気になり、中央競馬のGI桜花賞に辿りつく王道のサクセスストーリーだ。

注目は、「顔面凶器」との綽名《あだな》を持つ強面《こわもて》の小沢仁志氏との共演だ。その小沢氏は、落馬して顔を汚す場面で、頓着なく地面に自分の顔を叩きつける平手を見て、根性のある昭和の女優のようだと語っている。また、オフで二人が交わす「雨女」「晴男」論争は何とも微笑ましい。

『六本木クラス』は、韓国ドラマ『梨泰院クラス』のリメイク版として、2022年7月から全13話をテレビ朝日が放映した。『梨泰院クラス』は名作との誉れが高く、放送前から韓国版を視聴しているファンを中心に、リメイクには否定的な意見が多かった。放映後も、あまり意味があると思えない賛否の議論が続いていたが、徐々にこれもありだとの意見が多くなってくる。この局面変化をもたらしたのは、間違いなく平手の演じた麻宮葵（韓国版では「イソ」）の存在だ。葵は、IQ162、フォロワー76万人のインフルエンサー、ソシオパスという設定で、最初に登場したときは、若いのに何か人生を諦めているように見える人物だ。ドラマは、主人公である竹内涼真氏演ずる宮部新の父親を殺されたことに起因する復讐劇がメインストーリーだが、主要キャストで唯一復讐劇の外にいる麻宮葵と宮部新の出会いの物語でもある。純朴そのものの新に一筋縄では行かない葵が徐々に心を寄せ、ライバル（新木優子さん演ずる楠木優香）を叩き潰そうとする過程が、ある意味、本筋より面白い。そして、折々に見せる平手友梨奈のビジュアル、スタイルが印象的で、そのスター性が際立っている。不思議なことに、彼女はビジュアルやスタイルが話題になることは、これまであまりなかった。彼女が歌手やダンサーとしてパフォーマンスする際の衣装はアイドルとは思えない制服っぽい地味な衣装が多く、ドラマや映画では、演ずる役柄もあり衣装は特別ではなかった。それが、『六本木クラス』では、毎回、上品で仕立ての良さそうな衣装を着こなし、颯爽と振る舞う平手の姿に新しい魅力を見つけた視聴者も少なからずいたのではないかと思われる。実際、平手はシャネルやカルティエなどのハイブランドのモデルを務めたこともあり、森永邦彦氏が手掛けるブランド「ANREALAGE（アンリアレイジ）2021春夏パリコレクション」にはオープニング映像モデルとしても参加している。

リメイクドラマの常として、韓国版視聴者は日本版の配役予想をしていたようだ。当然、注目の「イソ」役についても同様で、平手の名もあったようだが、本命視されていたわけではなかった。ただ、印象に残っているのは、何方《どなた》かが「冒険であるがイソ役を平手友梨奈が演じ結果を残したら、ドラマ自体を変えてしまうだろう」とtweetしていたことだ。配役が発表されて分かったのは、原作者チョ・グァンジン氏が、平手のデビュー作である映画『響』を見て推薦したということだ。

ドラマには、話題になった平手のシーンがある。新にキスしようとする優香に「ディフェーンス‼」と言いながら顔を摑み引き離す場面、新と敵対する長屋HDの後継者と目される早乙女太一氏演ずる長屋龍河に悪事を告白させた上、コーヒーをぶっかける場面などがそれだ。ここでは、これこそ平手だというシーンを紹介したい。

第3話で、合コン相手を侮蔑し、投げ飛ばし、追いかけられ逃げ込んだ男性トイレにたまたま新がいて、「助けてほしいの」と聞かれ、「助けてほしい」と答える平手の

「なさけなげな声のトーンと表情」は表現の極致だろう。

また、第4話の未成年飲食を警察に通報した高校時代の同級生3人を相手にした立ち回りシーンは、時代劇の主人公のような身のこなしで、まるで剣豪のような雰囲気だ。

そして、平手の美しさが際立つのは第10話、店への資金援助を依頼しに行った倍賞美津子氏演ずる田辺弘子の熱海の別荘のテラスで、海を背景にスマホを操作するシーンは一幅の絵だ。

もう一つ注目すべきドラマに、テレビで放映されることがないので、あまり知られていないが、平手がCMのキャラクターを務めていたハーゲンダッツのミニドラマがある。2022年1月配信開始の『メゾンハーゲンダッツ～8つのしあわせストーリー～』と題するこのドラマは、ごく普通の女子大生の日常生活とそこにある幸せと感じないような小さな幸せを描いている。平手は、映画で共演した岡田将生氏や志尊淳氏に生活感が皆無と言われていた。その彼女が、このドラマでは、生活感溢れた女子大生を生き生きと演じているのだ。監督が気心知れた新宮良平氏であったこともあるのか、平手はとてもリラックスして表情豊かに演じている。ドラマは、1話4分程度のミニドラマで構成されている。特に、子供が生まれたことにあたふたとする厳《いか》つい男が登場するコインランドリーが舞台の回は秀逸だ。

# 6 映画の平手友梨奈

映画デビュー作『響』については、冒頭の部分で触れているので重複を避けて考えてみたい。この作品への平手起用は、原作漫画の作者である柳本光晴氏やメガフォンをとった月川翔氏のラブコールによるものである。秋元康氏は「平手の場合、全て自分で決める」と述べているが、ここでも、出演は悩みに悩んだ末、本人曰く、「クランクインの1週間前に決めた」そうだ。そして、月川監督が言うように、「響役に期待していた最高到達点に辿り着いた」のだ。平手は、公開前のインタビューで「是非、映画を見て下さい」などとは言わず「この映画は好きな人は好きだと思うが、嫌いな人は嫌いだと思う。私はどっちでも大丈夫です」とかなり本質を突いたことを言っている。全員が納得する物語や表現などないのだし、平手の場合、自らの表現がわずかであっても見た人に届けばよいと考えている節がある。

映画『響』の印象的な場面を二、三紹介したい。平手演ずる響が文芸部に入会するために部室を訪れたとき、そこに屯《たむろ》している不良達に嫌がらせを受け、響はそのリーダーの指を折ってしまう。翌日、その不良に屋上に呼び出され、ここから落ちろと命令される。響は屋上の一段高くなった縁に立ち、周りを見渡し、独り言で「立ち位置だけでも全然変わるのね。こういう世界もあるんだ」と呟く。そして、不良に「あなたの指を折ったのは私なのよ。だから、あなたが私を押しなさい」と言う。地上20mの屋上の縁で、ワイヤーを付けているとはいえ、この堂々とした立ち居振る舞いは見事だ。

次は、北村有起哉氏演ずる鬼島仁との対峙シーンだ。鬼島は、昔売れていた作家で、今は講演会やテレビ番組に出て稼いでいるようだ。響が出版社を訪れた時、文芸部の先輩の祖父江凜夏が鬼島に嘲笑されたのを見て、響は鬼島を飛び蹴りで倒してしまう。その後、バーで響の作品を読んでいた鬼島の前に響が現れる。二人のアドリブを交えたシーンは見所だ。北村氏はこのシーンを回顧して、「平手君が扮する響と対峙するシーンで僕はまだ役作りに迷っているところがあった」、そして、目の前で繰り広げられる平手の演技に「僕が今までのキャリアで作った引き出しが通用しないと思った。あれだけ堂々とやられたら打つ手なし。役者として原点回帰させてもらった」（『響-HIBIKI-』公開初日舞台挨拶」（2018年9月14日）の発言——取材・文／久保田和馬氏）とまで述べている。そして、響が「つまらないものしか書けなくなったのに何故書き続けるの」と問う。鬼島は作家として生きる者の性《さが》を語り、「若い才能を目の当たりにすると嫌でも現実が見えてしまう……世界を感動させるのはお前に任せるよ」と言って立ち去る。

さらに、芥川賞・直木賞受賞記者会見の場面で、野間口徹氏演ずる因縁のある週刊誌記者が響を念頭に「暴力と作品に関する一般論」を滔々《とうとう》と述べるのだが、響は「私は世間一般の意見を聞いているのではないの。あなたの意見を聞かせて」と話す。響が世界を見る視点なのだろう。別のシーンに、「本人には謝罪したのに、なんで世の中に謝らなければいけないの」との台詞もある。この記者会見のシーンでは、その記者が、北川景子氏演ずる編集者花井ふみに対し「あなたの代作じゃないの」と言うような発言をする。すると、響はその記者にマイクを投げつけ、走り寄って飛び蹴りをくらわし、記者会見を台無しにしてしまう。記者の言葉は、花井ふみの人格を踏みにじるものあり、響にとっては許し難いことなのである。

共演者が、平手を盛り立てることを考え助演モードになっているものの、本作は、平手のワンサイドゲームなのだ。本作は、平手のアイドルというレッテルが映画の評価を歪めているような気がする。将来、この作品が見直されるのは間違いない。

平手は、この映画で日本アカデミー賞新人俳優賞の他に、日刊スポーツ映画大賞・石原裕次郎賞新人賞、日本映画批評家大賞新人女優賞などを受賞している。


平手の2作目の映画は、2021年1月公開のホラーミステリー映画でBL要素もある『さんかく窓の外側は夜』で、グループを離れて最初の作品である。監督は森ガキ侑大氏で、平手は呪いを操る女子高生非浦英莉可の役だ。平手の起用は、森ガキ監督が「原作を読んでいるときから、英莉可役は平手さんしかいないと思っていました」と語っているように、制作側からのオファーだ。映画内容は岡田将生氏（霊を祓える男）と志尊淳氏（霊が視える男）の除霊ミステリーを軸に呪いを操る謎の少女が絡む話だ。岡田氏と志尊氏のBL要素もカルト教団のホラー要素も何か中途半端で、平手を使いたいとの気持ちは分かるが、彼女が生かされたかというと微妙だ。

森ガキ監督が平手の演技に触れたコメントが興味深い。監督曰く「彼女は自分の登場シーンしか台本を読まないで演技に臨んでいた。その方がリアルな表現ができると、そのアプローチで全編を演じていた」（SmartFLASH 森ガキ侑大インタビュー「『さんかく窓の外側は夜』平手友梨奈、独自の演技論に森ガキ監督が驚く」2021年1月23日付記事）（平手は「非浦英莉可が登場しないシーンについて非浦英莉可は知らないはず」と考えていたようだ）。監督は、この彼女なりの独自の向き合い方を新鮮に感じたようだが、将来もこれでよいのかについては、疑問も呈していた。これ以降も、平手が同じようなアプローチで演技しているのかは分からない。基本的に、映画は監督の意思が優先されるのだから。ただ、予定調和を超える演技には、平手のアプローチは有効なのかも知れない。

この映画は2020年の早い時期に完成していたようだが、コロナ禍の影響により公開は2021年1月となった。この間、平手は主要キャストの岡田氏や志尊氏と積極的に交流していたようだ。公開前の番宣でも、座談会番組『ボクらの時代』では岡田、志尊各氏と共演し、バラエティ番組『しゃべくり007』では、志尊氏と共演しており、人見知りの平手にしては打ち解けた様子を見せている。

平手の3作目の映画は、2021年6月公開の岡田准一氏主演のアクション映画『ザ・ファブル2　殺さない殺し屋』で、ヒロイン佐羽ヒナコ役だ。この作品へのオファーも制作側からに違いない。メガフォンをとった江口カン監督は、平手と最初に会った時の印象を、年齢やキャリアを超えたオーラがあり、他のスタッフにモンスターだと話している（東スポWEB江口カン監督インタビュー「『ザ・ファブル』の江口監督が明かす〝モンスター〟平手友梨奈の底知れぬ可能性」2021年6月1日付記事）。平手は、物語の起点となる冒頭のアクションシーンに顔を出すが、本作の中心となる本格的なアクションシーンに出ることはない。

平手の出番は本作のサイドストーリーで、主な登場人物は、今は殺しを止められている岡田准一氏演ずる殺し屋ファブル、そのファブルが関与した事件に巻き込まれ車椅子生活になってしまった平手友梨奈演ずる少女ヒナコ、その事件で弟を殺されファブルに復讐を誓う堤真一氏演ずる宇津帆（裏の顔を持つNPO法人の代表）である。そして、ヒナコは宇津帆の下で暮らしている。サイドストーリーは、この3人が出会うことから始まるのだが、メインストーリーに劣らない、独立した一本の映画になっている。

平手の印象的なシーンは、前半の小さな公園で児童用鉄棒を使ってリハビリをする場面と最終盤の山中で宇津帆と対峙する場面だ。リハビリの最初のシーンはファブルとの出会いの場面でもある。ファブルは自転車に跨ったまま、ヒナコのリハビリの様子を見ている。二人の言葉のやりとりの後、ファブルはヒナコに「歩けるようになる時間がかかるが　歩けるようになる」と告げる。ヒナコは、「適当⁉︎」……「偽善⁉︎」と呟く。その台詞まわしと表情が見事だ。

ファブルはこの後、彼女が以前に助けることができなかった少女だったことに気付く。リハビリのシーンはその後何回か出てきて、ファブルとヒナコの距離が徐々に縮まっていき、最終的に山中の場面に行き着く。このリハビリの場面での車椅子から鉄棒に移るシーンについては非難が殺到するのかなと思った。しかし、なかった。江口監督は、車椅子のシーンについて、「〝なんだよあれ〟は絶対避けたいと思い、研究して練習してもらった。結果、身のこなしがとてもリアルだった」と語っている。さすが、江口監督だ。ファブル役の岡田准一氏も「平手なら、間尺も考えずに、車椅子から鉄棒に移るのに15分でもかけそうだ」と述べている。

最終盤の山中の場面、江口監督はスタッフを口説き、撮り直したと述べている。監督は平手が他とセッションするのに長けていると語っているので、宇津帆役の堤真一氏が繰り出す様々な芝居にどう呼応するのかを見てみたかったのだろう。結果、江口監督は、こちらが震えるような芝居が出てきたと語っている。考えてみれば、この山中のシーンに登場するのは5人、ヒナコ以外の4人（ファブルと木村文乃氏演ずるその相棒、宇津帆と安藤政信氏演ずるその仲間）は全て殺し屋である。命のやり取りという極限状態のシーンで、ベテラン俳優陣に伍して一歩も引けを取らない平手の芝居は見事だ。

メイキング映像に、この撮影の後と思われる平手の姿が残されている。撮影場所の近くと思われる小川で無邪気に水遊びをするシーンだが、直前の芝居との振り幅が半端なく、素の平手が垣間見えて、何かほっとする映像だ。

# 7 ラジオの平手友梨奈

『欅坂46　こちら有楽町星空放送局』がニッポン放送で始まったのは2016年4月2日で、CDデビュー前にレギュラー番組を持つのは異例のことだったようだ。初代メインパーソナリティーは、グループ最年少、当時14歳の中学生平手友梨奈だった。番組は、毎回個々にメンバーを迎え進められていた。メンバーには高校生、大学生もいるわけで、仕切るのも大変だったと思うが、メンバーの個性を見極めつつ無難にこなしていた。でも、面白かったのは、平手がとくとくと話す恋愛談議に、お姉さん達が「中学生が何言ってんの」と馬鹿にするところだったりする。平手は、メインパーソナリティーを2017年12月に長濱ねるさんに引き継いだが、この時期、先に述べたアイドル修業の最終段階だ。

平手とラジオと言えば、TOKYO FMの『SCHOOL OF LOCK!』の『GIRLS LOCKS!』のコーナーだ。平手は、2017年4月から2020年3月までの3年間、毎月3週目の女子クラスを担当した。この期間は高校3年間とリンクしており、芸能活動も多忙で、身体的にも精神的にも過酷を極めていたと思われる。欅坂46としての活動ができない時期も、この番組に限って、問題を抱えながらも出演していた。この番組が、平手の「生存確認」の場と言われた由縁である。

番組は、平手のもの知らずで、世間知らずのポンコツ振りや悪戯好きの茶目っ気振りが遺憾なく発揮される一方、他人を思いやる信じ難いほどの優しさが伝わる内容になっている。これが成り立つのは、スタッフ（すっちゃん先生やジェーン先生など）との間に絶対的な信頼があるからだ。ある時、スタッフは平手について、大好きではなく溺愛だと語っていたが、こう言えるのは平手の人間性に心から惚れているからだろう。番組は、かき氷を食べ比べるだけ、インスタントラーメンを作るだけ、犬と戯れ犬が吠えるだけなど、とてもラジオとは思えない内容も多く、これが何故か面白い。また、番組掲示板への書き込みを元に、平手がリスナーに電話する「逆電」というコーナーがあり、平手のトークはとても器用とは言えないが、柔らかな声質とともに、対応の丁寧さが感じ取れて心地よい。ここにも、平手を想うスタッフの周到な準備が感じられる。

この番組の本体の『SCHOOL OF LOCK!』の校長は、平手出演期間は「とーやま校長」（お笑いトリオ グランジの遠山大輔氏）だった。遠山氏もスタッフに負けない溺愛派だ。『GIRLS LOCKS!』の平手が出番の回には、他の出演者に皮肉られるぐらいの頻度で顔を出し、平手とトークするのだが、遠山氏の一見無遠慮に見える突っ込みに見せる平手の対応は、コメディエンヌとしての資質を感じさせる。平手にとって、お年玉をねだるのを年中行事にするほど遠山氏は心許せる大切な大人のようだ。

また、遠山氏の持つロックミュージックの知識やロックバンドとの人脈から平手が得たものはとても大きかった。後述する平手のロックバンドとの交流は、この『SCHOOL OF LOCK!』なしには語れない。

2020年1月23日、欅坂46を離れることになったことを自らの言葉で話したのはこの番組である（ドキュメンタリー映画では、この時の音声が使われている）。この2か月後、『GIRLS LOCKS!』を卒業する。特別に設けられた「卒業式」では、「卒業生答辞」として約10分間、この番組へ出演できたことの感謝とともに様々な苦しみを抱えるリスナーに向かって自分の言葉で語りかけている。この番組では、収録だった場合、その内容を文字起こししたものを放送終了直後に「放送後記」として公開している。ただ、この回の平手の「卒業生答辞」の部分だけは文字起こしされていない。スタッフはいろいろ考えた末決めたようだが素晴らしい見識だ。ここは、平手の声で、語り口で聞いてほしかったのだろう。前後関係を省略するが、「もっと我儘を言っていいんだよと言ってあげたい」「SNSに逃げないで信頼できる大人に相談してみてほしい」など少し大人になった平手の思いが聞けるのだ。

2021年4月、『SCHOOL OF LOCKS！教育委員会』が毎週金曜日午後11時からの枠でスタートする。遠山氏が校長から教育委員に昇格し、番組を担当するというコンセプトだ。そして、第3金曜日が『平手LOCKS！』として始まった。これには、遠山氏や『GIRLS LOCKS!』のスタッフの強い推しがあったのだろう。番組は、平手の事務所移籍やスポンサーのハーゲンダッツとの契約の関係と思われるが、2022年12月に終了する。平手の出演期間には『ドラゴン桜2』や『六本木クラス』が放映されていたこともあり、リスナーからの質問に答えて、撮影の様子などを伝えていた。

番組を終了するにあたり、ラジオ番組でありながら、遠山氏との共演で2つの映像を残している。「二人でやるカードゲーム（悪魔のババ抜きゲーム）」（約40分）と「遠山氏の平手への21歳初インタビュー」（約20分）である。多分、これが事務所移籍前の最後の映像と思われる。後者では、いつまで経ってもインタビュー慣れしない平手の率直すぎる受け答えが面白い。ここでの注目は、俳優としての活躍が目立つ中、「一度も音楽から離れたことはない」の一言だ。

# 8 ロックバンドと平手友梨奈

2017年7月、「SEKAI NO OWARI」が高校生500人の中でライブを行ったNHKの『SONGS』に、4月に高校生になった平手友梨奈がいわば高校生代表として呼ばれ、スペシャル対談を行った。この対談は、その後、NHK-FMで3時間に及ぶ完全版が放送された。平手はここで、音楽やその表現について様々な悩みを相談するのだが、自分の意見を押し付けない彼らの姿勢に感心し、また、男女混合4人組であるロックバンドが、時には生活を共にし、メンバー間で話し合いながら作品を作り上げていくことに羨望を感じたようだ。平手はよく「様々なクリエーターの方とディスカッションして」と語るが、ここに原点があるのかも知れない。そして、この対談で分かるのは、秋元康氏も日頃から指摘しているように、平手が分野を問わず沢山の曲を聴いていることだ。

この出会いは、一つの作品として実を結ぶ。2019年2月に発表された「SEKAI NO OWARI」の『スターゲイザー』のMVだ。リアルな満月の下での撮影に拘り、制作期間が1年に及んだとされているので、撮影は2018年の初頭から始まっていたものと思われる。このMVへの平手の出演は、イメージする主人公のキャラクター（普通の日常を生きる少女）が平手と重なり、オファーしたとされる。この作品の「普通の日常」は「死体が腐敗していくように　学校へ毎日通うように……小鳥の声で目が醒めるように、怒れば君が黙るように……時々頭がおかしくなる普通の日常」であって、平穏なだけの日常ではない。MVの脚本は作詞作曲の深瀬氏が書き、ダンスは平手自身が振付けている。

MVでは、平手は金髪、黒ずくめの衣装で登場する。深夜、荒んだ家を出て、仲間と思われる少年たちのバイクに乗り、街を疾走する。平手は、ヘルメットも被らず無表情で、金髪だけが風に舞っている。行き着いたゲームセンターで、少年たちはものを壊すなど、乱暴狼藉を働くが、平手は無表情だ。幼い少女がいる。その前にキャンディが落ちている。平手はそれを拾い上げ、表情を緩め、それを幼い少女に渡そうとする。幼い少女はそれを受け取らず逃げて行く。平手は、無表情に戻り、上着を脱ぎ棄てる。そこからダンスが始まる。静から動へだ。何か、衝動に駆られ、身悶えるように激しく踊る。ダンスのシーンの映像は殆どがシルエットで、それが満月に映し出されるシーンがある。表情を見せることもなく、シルエットだけで曲の世界を表現してみせる平手って何なんだろうと思う。

深瀬氏はこのダンスの映像を見た時の印象を「それは心温まるような、恐ろしいような、涙がこぼれるような、そういったものでした」と語っている。

欅坂46を離れて初めての音楽活動は、2020年7月に公開された「Mrs.GREEN APPLE」のMV『WanteD! WanteD!』への出演だ。平手とこのバンドとの出会いは、2017年8月、前出の『SCHOOL OF LOCK!』がバックアップする10代アーティストによる「未確認フェスティバル」に平手が応援ガールとして、「Mrs.GREEN APPLE」がゲストライブアクトとして出演した時で、以後、親交を深めたようだ。この曲のMVは発表時（2017年8月）のものがあったが、大森元貴氏がアナザーストーリーとして制作するMVへの出演を平手にオファーし、平手も親交のきっかけになった曲であり、お気に入りの曲でもあったので快諾したようだ。

大森氏はMV制作について平手と話した時、既に色々なプランを持っているようなので、「てちちゃんに〝好きにやってくださいよ〟と話した」と述べている。平手はこの辺の事情を、ロキノンのインタビューで、「歌詞がカタカナになっている部分や言葉の最後に？がついている部分をどう解釈し、どう表現するかを大森氏と4時間くらい話した」と述べている。

曲は「お馬鹿なふりをして　ゆらゆら生きている　誰も知らない　僕らの行き先は」と思春期の生き辛さを歌う一方、「何かのせいにして　遊べるのは今だけなんだ　焦らなくていい？　少しずつ気づいてゆけばいい？」と何か諦観とも達観ともとれる表現があり、大森氏の美しい歌声と相俟って魅力的な作品になっている。MVで平手は色鮮やかな服を着て夜更けの渋谷を彷徨う少女と純白のワンピースを纏ってずぶ濡れになりながら夜明け前の浜辺で踊る少女を演じている。くるくると変わる表情や身体全体を柔らかく使ってのダンスは、いつもながら期待を超えてくるものだ。平手は、2022年4月、日本テレビの『MUSIC BLOOD』に出演したとき、MCの「ソロになって何を一番やりたかったですか」との質問に「がっつりダンスというものをやってみたい」と答えている。実際、その番組では、プロのダンサーと一緒にレッスンする様子が紹介されている。その意味で、ソロ活動初の音楽活動がこのMVであったことは納得できる。

「サカナクション」とそのリーダーである山口一郎氏との関係は森永邦彦氏のアパレルブランド「ANREALAGE」（一瞬と永遠を表す造語）の仕事を通してだ。山口氏は2016年以降、同社の様々な映像作品にサウンドディレクターとして関わり、実績を残している。一方平手は、2018年、欅坂46の楽曲『アンビバレント』の衣装を同社が担当したことをきっかけに森永氏と出会い、その後、ブランドミューズに起用され、同社の服を纏った素晴らしい映像作品を残している。

森永氏は平手について「ちゃんと自分を持っている『強さ』がある反面、繊細で儚げで、ピュアな雰囲気も漂わせている稀有な方で、相反するエッセンスを表現できる彼女こそ『ANREALAGE』の掲げている女性像やコンセプトに非常に近い方」と評している。ダンスに関しても、「ブランドのコンセプトだけを伝え、振付けは平手さんチームに考えていただきました」と語っている。2020年9月、同社のSpring-

Summer 2021 Teaser movieに出演、これは、コロナ渦にあったデジタルパリコレクションで披露された。これも、山口氏がサウンドディレクションしていたようだ。

2022年9月、レギュラー化されたサカナクションの音楽実験番組『シュガー&シュガー』(NHK Eテレ)がスタートする。この番組の初回と2回目のゲストトークが平手友梨奈であった。ブランコに乗りながらの二人のトークはMCの山口氏が主導し進められる。山口氏は欅坂46をアイドル界のパンクと称し、平手の人気に迎合しない、自分を保とうとする姿勢はアーティストだと評価する。そして、何か他人と違うことを目指すのは「孤独」ではなく「孤高」だと語る。一方、平手は、当時を振り返り、趣味もなく、気を許せる人も周りにいなくて、どうすれば伝えられるか、自分と向き合うしかなかったと語る。そして、「伝えたい」を考えるとき、この人は無理だな、この人は違うなということがあるとも述べている。

番組終了後、平手がパブリックイメージと違うことに驚くtweetが数多く見られた。山口氏は、放映されなかったものを含め、約2時間がっつり話したが、時間が足りなかったと述べている。平手は言葉が少ないが、何か話したくなる不思議な魅力があるのだろう。確かに、平手は決して建前の言葉を発しない。真っ直ぐに生きているからだ。

2020年5月、「著名人が選ぶRADWIMPSおすすめ曲」という企画に平手が登場した。平手はそのプレイリストを「誰かの誕生日」と名付け、11曲（演奏時間約45分）を選んでいる。平手は、「ご一緒する機会がなかったのに、今回のお話を聞いてびっくりしたし、嬉しかったです。私の中で1本の物語をイメージして考えました」と語っている。如何にも平手らしいのは、11曲の中に、過激な歌詞で何かと話題の『五月の蝿』を入れていることだ。

RADWIMPSの野田洋次郎氏と平手の初対面の場は、2020年9月の深夜の対談番組『TOKYO SPEAKEASY』（TOKYO FM）だ。年齢差をあまり感じさせない本音トークは、言葉に敏感な二人だから成立しているのだろう。本論の冒頭部分にある「彼女（平手）は二度と会えないような天才」という秋元康氏の言葉が野田氏によって紹介されたのはこの番組である。そもそも、この番組は秋元氏のプロデュースであり、対談の中で秋元氏に触れる部分も多い。平手は秋元氏について「お父さんみたいな感じもあるし、どこか少年のようなところもある」と語り、「このまま秋元さん頼りでいいのかな？ と考えたこともあった」と率直に話している。

野田氏は平手について「圧倒的な何かが間違いなくあったよね。……人を惹きつけようとする何かって、培おうと思ってもなかなかできるものでなかったりするし、何しろ、成功したじゃん」と話している。これに対し、平手は「私は何か言う立場にない」と冷静に答えている。野田氏は、平手の印象を「おもしろいな～この人、不思議だな～、でもすごく芯がある」と総括している。

番組の最後に、野田氏が「何かコラボができたらいいね」と言うと、平手は「秋元さんから一緒にやれたらって言われている。仲のいい野田さんに全部一旦預けるって言っていました。友梨奈を好きなように料理してもらって、そこから返ってくるものが楽しみだと言っていました」と返している。これは、秋元氏と平手の微妙な関係を示唆しているように思える。

# 9 FNS歌謡祭と平手友梨奈

平手友梨奈のデビューから現在（正確に言うと事務所移籍前まで）を追うことができる貴重な歌番組がある。フジテレビ系列のFNS歌謡祭だ。毎年年末（夏にも別に開催されることもある）に2週にわたって開催される大型音楽番組で、平手は2015年12月から2021年12月までの6年間、欅坂46の一員または個人として12回出演している。この番組スタッフにはTOKYO FMのスタッフと同様、溺愛派といってもよいような総合演出の島田和正氏をはじめとして平手を評価するメンバーが多く、平手に様々なチャレンジの場を与えている。制作陣も演出、舞台セット、カメラのカット割など最高の映像を作るべく意を尽くしている。以下に、12回出場の中から、個人としての出演を中心に考えてみたい。

なお、2020年12月の『ダンスの理由』と2021年7月の『かけがえのない世界』は、「12 平手友梨奈のソロ活動」の項で触れる。

同歌謡祭への初登場は2015年12月で、欅坂46としてAKB48、乃木坂46とともに『制服のマネキン』を披露している。この時、欅坂46はテレビ初出演、グループ結成わずか4か月、CDデビュー前であった。当然ながら、他のグループの存在感に押され、爪痕を残せたとは言えない。そして、この段階では、必ずしも平手がフィーチャーされていたわけはないが、番組終了後、平手は「正直、申し訳なさの方が大きかったです」と述べている。

2016年12月、第1夜は欅坂46として、平手センターの『二人セゾン』（3作目の表題曲）を披露し、第2夜では、如何にもアイドルという感じの平手がゴスペラーズとのコラボで『ミモザ』を歌っている。中学生をゴスペラーズとコラボさせる制作側の度胸にも感心するが、それをやってのける平手の度胸も立派なものだ。音程が少しはずれるときもあるが、気後れどころか、ゴスペラーズのメンバーとしっかりと目を合わせ、自分のパート以外の部分を口ずさむシーンは大人の歌手顔負けだ。そして、声量もあり、天性の心地良い歌声はソロ歌手としての可能性を期待させるものであった。ただ、このアイドル然とした平手が1年後、同じ番組で、あの『ノンフィクション』を踊ることを誰が予想できただろうか。

2017年12月6日、平手は平井堅氏の生歌『ノンフィクション』に合わせて、制服姿でパフォーマンスする。曲は、自死した友人を懐古し、もう二度と会うことができないのに、もう一度会いたいとの思いを歌う内容で、熱唱する平井氏の表現が見事だ。振付けは、CRE8BOYのメンバーで、平手の印象について「気持ちを込めて踊ることに関して今までに会ったことがないくらいずば抜けて凄いです！ 体から言葉が発せられ、ただ踊るだけでないところが魅力的です」と絶賛し、「演技ではなく気持ちそのものみたいになる。それでいて、めちゃめちゃ練習するから、振りの形が崩れない」と語っている。

放送日（6日）前後の島田和正氏のtweetが面白い。

4日：昨年に続き、平手ちゃんにソロコラボをオファーしました。

5日：明日のTwitterモーメントは「やっぱり平手ちゃんは凄かった！」になっていると思う。祈る。

——————

そして、6日のTwitterモーメント「表現力に鳥肌が立った。……平井堅さん、平手友梨奈さんのコラボ」を受けて、

——6日：でしょ‼


実は、この放送日直前の「日本有線大賞」での平手が不調で、ファンのみならず、「祈る」とtweetする島田氏も不安だったような気がする。開けてみれば心配を払拭するどころか、平手はわずか数分のパフォーマンスで、誰もが想像していなかった新しい世界を見せたのだ。放送後の反響をみても、アイドルを敬遠していた層をも虜にするインパクトがあったようだ。

この作品のカット割り台本が残されている（マイナビニュース【令和テレビ談義　第5弾

第2回：テーマ「カット割り」】「超貴重なカット割り台本を公開！　平井堅さん×平手友梨奈『ノンフィクション』コラボ舞台裏も明かされたFNS歌謡祭・浜崎綾氏×Mステ・利根川広毅氏の対談」２０２１年12月8日付記事）。どの場所で、どのカメラで、どのように撮るのか、カット毎の詳細な指示は、スタッフの思い入れが伝わる内容だ。プロデューサーの浜崎綾氏は、「平手友梨奈さんがちぎった紙をバッと撒き散らすカットは俯瞰《ふかん》から撮ったカットなんですが、たぶん私が生涯で撮る何万カットのベスト5に入る気がします。……そうじゃない！　もっとワイド！　紙がレンズにあたるぐらいの！　とやいのやいの言って辿り着いたカット」と語っている。

　同じ番組に出演していた新妻聖子氏は「平手友梨奈さんのダンスの余韻が凄い。一言も発しない16歳の少女が何かを叫んでいるようで胸が締め付けられた。平井堅さんの生歌との相乗効果。凄いものを見てしまったと思った。テレビの現場で短い演劇を見たような感覚になるとは」と語っている。

　そして、平手にオファーし、この曲を選んだ島田氏は、「平井堅さんと平手友梨奈さんのノンフィクションは一生語り継がれていくのだろうな」と感慨している。

　私は、芸能の世界でも、テレビの世界でも、ここまでのことができるのかと驚いている。様々な優れた人材が、真剣に向き合えば、まだ見ぬ世界を世に問うことができるのだ。

2020年8月のFNS歌謡祭では、『生きてることが辛いなら』を歌う森山直太朗氏とコラボした。選曲は平手で、森山氏は「この曲を一緒にやりたいと強く言っていただいた」と語っている。ダンスはSeishiro氏の振付けで、みおしめじちゃん（少女）と一緒にパフォーマンスした。歌詞は「生きてることが辛いなら　いっそ小さく死ねばいい」から始まり「……生きてることが辛いなら　わめき散らして泣けばいい……」と続き、最後は「生きてることが辛いなら　くたばる喜びとっておけ」で終わる。

平手はこの選曲の理由を、ロキノンのインタビューで「タイトルとか歌詞をパッと見たら重々しく感じるかも知れないですけど、自分はそういうものを届けたいのではなく、いろいろな表現がある中で、一方的に『生きろ』とか『頑張れ』とか『一緒に乗り越えよう』と伝えても、『それってほんとに見ている人は受け取れているかなあ』って思うんですよね。なので、捉え方は人それぞれでいいんですけど、自分はどちらかと言ったら、見てる人に寄り添うようなパフォーマンス、そして、そういう時間になってくれたらいいなと思っています」と語っている。平手は、日頃から、決して「頑張ってください」とは言わず「応援しています」と言っているので、納得のコメントだ。パフォーマンスは、バレエの要素が多く、研ぎ澄まされた所作の一つ一つが美しく、特に少女への優しさ溢れる眼差しは、母性そのものだ。この映像は、平手が女性を感じさせる数少ない映像だ。

2021年12月のFNS歌謡祭では、平手と同じ歳であるアメリカのシンガーソングライター、ビリー・アイリッシュの『No Time To Die』（死んでる暇などない）を踊った。これは、スパイ映画『007／ノー・タイム・トゥ・ダイ』の主題歌で、主人公ジェームズ・ボンドの「その先にあるのは死か楽園か」との極限状況を歌ったものだ。振付はSeishiro氏で、純白のドレスの上に黒いドレスを羽織り、時に流れるように、時に力強く、纏うドレスをもコントロールする舞は、まさに圧巻だ。情報によると、仕上げるのに1週間しかなかったと伝えられているが、それを生放送でやり遂げるチャレンジ精神は立派だ。

# 10 ライブ映像記録の平手友梨奈

「欅坂46」が残したライブ映像は多くない。2017年から2019年まで山梨県の富士急ハイランドのコニファーフォレストで、毎年7月に開催された野外コンサート「欅共和国」3回分、東京ドーム公演、全国ツアーやアニバーサルツアーの一部を編集した『永遠より長い一瞬』、ライブ映像を多用しているドキュメンタリー映画『僕たちの嘘と真実』くらいである。

「欅坂46」は平手の音楽性を買っていたロック界の大御所渋谷陽一氏の後押しもあり、「ROCK IN JAPAN FES」「イナズマロックフェス」などのロックコンサートにも数多く出演しているが、残念ながら、断片的な映像しか見る機会がなかった。

「欅共和国」は1回目が2日間開催、2、3回目が3日間開催で、1、2回目は「ひらがなけやき」（後の日向坂46）と共演している。場所は富士山が望める開放的な自然の中にあり、コンサートの時間が夕刻から夜にかけてであることから、多様な演出が可能となっている。また、大量の水を使う演出でも知られている。

『欅共和国2017』は、欅坂46が活動を開始して2年後の開催である。既に4thシングル『不協和音』、1stアルバム『真っ白なものは汚したくなる』をリリースしており、これまでの集大成の感のあるライブである。ここでの平手は、「3 平手友梨奈のアイドル修業」の項で述べたように、アイドルとして、全ての面で完成している。

平手も、ロキノンのインタビューで「楽しかったですね。やってきたライブの中で一番いいものだったんじゃないかと思います。メンバーの雰囲気とか表情を見てても、いろいろ考えている子はいたかもしれないけれども、後から映像を見ても、振りもすごく揃っているし、一体感もでてるので、みんなの気合とかも感じるからすごく嬉しくなります」と述べている。

総合プロデューサー秋元康氏、運営の責任者今野義雄氏、演出にも携わる振付師

TAKAHIRO氏が平手の完成度に気付いていないとは思わないが、彼女を押し立て、勢いに任せて前に進む以外の選択肢はなかったのだろう。一方、平手にとっては、アイドルでいることと新たな途を模索することとの狭間で苦しむこととなったような気がする。

『欅共和国2018』は、平手にとって久し振りのライブであった。この春以降、映画『響』の撮影があり、武蔵野の森総合スポーツプラザの「2nd YEAR ANNIVERSARY LIVE」は不参加だった。このライブで平手は終始楽し気で、横並びのMCの場面で、メンバーが平手のことに触れると、「あまり私のトーク入れてこないで」と笑顔で話しているシーンが印象的だ。このライブでは、終盤の『もう森へ帰ろうか？』と『ガラスを割れ！』が演出を含め素晴らしい出来で、アンコール曲『アンビバレント』(初披露)は聴衆との一体感が見事だ。

ただ、平手はロキノンのインタビューで「うーん、『共和国』もなかなか自分が描いているものに近づけなかった。絶対もっと上に行けたというか、もっとこうしたいって気持ちのほうがやっぱり強かったです」と不本意なライブだったと述懐している。

野外で、お祭り騒ぎのイベントだからと思えないのが平手なのだろう。

『欅共和国2019』は、「航海」をテーマにブラスバンドをいれたライブだ。そして、2日目のみ、ライブ後、日本テレビの『THE MUSIC DAY』の生中継が入ることが決まっていた。印象的なシーンも多く、真っ赤な背景を背にして影絵で見せる『Nobody』、小林由依さん、鈴本美愉さんを加えた3人の最強ダンスユニットで踊る『AM1:27』、平手が端っこでパフォーマンス（お遊戯）する普段は参加することのないユニット曲『バスルームトラベル』などは貴重な映像だ。ただ、この3日間のライブの平手は、全体としてパフォーマンスが不安定だったようで、特に2日目は、一部楽曲に平手がいなかったり、日本テレビの生中継への出演もぎりぎりだったような印象を受ける（販売された映像記録は3日目の公演と思われるので無難な仕上がりになっている）。

平手が「プロ」として失格との烙印を押されることがあるのは理解できるが、全てを背負ってきた少女が、舞台に立った時、一人一人と去っていった盟友であり、戦友でもあったメンバーの不在に虚しさを感じ、それでも踊らなければならない心の襞《ひだ》も理解できる。メンバーの原田葵さんは、後のインタビューで「メンバーが卒業していったことを一番悲しんでいたのは『てち』だと思いました」と語っている。平手は野田洋次郎氏との対談で、「『プロ意識がない』と言われることもあったが、これは人によって違うんじゃないか」と述べている。平手には「プロであること」の優先順序が独自にあるのかも知れない。

『東京ドーム公演』は、「全国アリーナツアー2019」の追加公演として、2019年9月18・19日の2日間開催された。デビューからわずか3年5か月でここに到達したことになる。運営としては、平手が年内で欅坂46での活動を停止することが決まっていたので、この時期に東京ドーム公演を行いたかったのだろう。

オープニング、観客がざわつく中、廃墟を模したような舞台に平手一人が登場。そして、彷徨うように静かに舞い、壇上のピアノの前に立つ。この間、5万人の異様な静寂が3分。そして、平手が鍵盤の1音を叩くと、『Overture』が流れ、スクリーンにメンバーの名前が映されると、会場は大歓声に満たされる。1曲目は、約1年前全国ツアー最終日幕張会場で披露され、平手が舞台から落下した因縁の『ガラスを割れ！』だ。この曲は、2018年の紅白でも披露されたが、この時は、小林由依さんがセンターを務めていた。本気を感じさせるスタートだ。

その後、ダンストラックやダンスナンバーが演奏され、また、舞台に平手一人が残る。平手はグランドピアノの上で踊り、最後、足で鍵盤を激しく叩く。よほど体幹が良くなければできない技だ。

1期生のMCでは、メンバーが東京ドームに来ることができた感動を伝える中、列の中心にいる平手は、下を向いたり、天を仰いだりで一言も言葉を発することはなかった。

そして、アンコールで『不協和音』。会場を揺るがすような割れんばかりの歓声の中、それに応えるかのようなメンバー全員の怒涛のような力強いパフォーマンス。芸能の世界では、観客が演者を鍛えるというが、それを地で行くような光景だ。そして、平手の最後の「僕は嫌だ」。自らに纏わりつく全てを振り解くような叫びだ。

2日目、『不協和音』が終わっても観客側の灯りは点かない。観客がざわつき、ダブルアンコールの期待が高まる。暫くすると、舞台センターに制服姿の平手が一人。胸の前で手を重ね、ダンスの準備。前奏が奏でられ、静かに踊り始める。しかし、殆どの観客は何が始まるのか戸惑っている印象だ。数秒後、スクリーンに『角を曲がる』

と映し出されると、5万人の観衆から歓声があがる。

平手主演の映画『響』のエンドロールで流れる曲として知られてはいたが、CD化も配信もされず封印されていたのだ。歌いながら踊るのだが、マイクが音を拾えないところがあり、それが却ってライブ感を際立たせる。「らしさって一体何?」「みんなが期待するような人に絶対になれなくてごめんなさい」と自らの生き方と重ね合わせたように歌い、踊る平手が美しい。曲が終わる。一瞬静まってからの歓声と割れんばかりの拍手。何か言いたげな平手。そして「有難うございました」の一言と深いお辞儀。舞台が暗転しコンサート終了。何と潔い終わり方なのだろう。

欅坂46の論評に定評のあるこじらぶ氏は、最後をソロ曲で終わることに関し『〝欅坂46平手友梨奈〟伝説のラストライブ 今再び刮目せよ』と題する論評（ウェブメディア『コクハク』2020年9月16日付記事）の中で、「必ずしも自分の味方だけではない〝欅坂46のファン〟と1対5万の対峙。1人のメンバーの卒業公演ではなくアイドルグループの初のドーム公演の終わり方としては前代未聞だったのかもしれない。なぜ平手のソロ曲で終わるのだと思う他メンバーのファンも当然いただろう。それでも、このダブルアンコールでは欅坂46グループカラー・緑のサイリウムの海の中、平手が5万人の東京ドームを飲み込んだ」と述べ、「令和の伝説」となるだろうと、長くグループを見てきた人らしい感想を述べている。

テレビプロデューサーの佐久間宣行氏はコンサート直後のオールナイトニッポンで、欅坂46の東京ドーム公演の感想を「とにかく平手さん尋常じゃあないのよ。これ言い方わかんないけど、もう本当にイッちゃってる。そのくらい凄い。オーラが」「最後自分一人で、ソロで終わるのできるあの子18歳ぐらい？　その精神力凄くない？」と独特の表現で賞賛している。

この東京ドーム公演について語られた論評で、異彩を放っているのは、『欅共和国2017』の項でも紹介した照沼健太氏の「平手友梨奈を語ることは、罪なのか？欅坂46東京ドーム公演に寄せて」（ウェブメディア『KAI-YOU』2019年9月27日付記事）だ。ここに至る経緯を少し説明すると、照沼氏は、平手について書くことが彼女の神格化に繋がり、一方、それが誹謗中傷を生み、結果的に平手友梨奈という一人の人間を傷つけることになるのではないかと、平手友梨奈についての言及を暫く控えてきたと思われる。しかし、この論評では、標題からも分かるように、照沼氏は、「平手友梨奈を無視するように、他のメンバーに無理やり注目し〝美しいグループ〟として語ることは、優しさだろうか？　むしろ、平手友梨奈という存在を真っ向から否定する〝嘘〟に加担する行為なのではないだろうか？」との立ち位置から東京ドーム公演を論評している。「結論から言えば、この日のライブは徹頭徹尾、平手友梨奈だった。（中略）グループ全体曲を中心に構成されながら、時折平手以外のメンバーによるユニット曲やMCが挟まれるというセットリストが見せたものは、平手がいる楽曲と平手がいない楽曲の激しい乖離であり、彼女の存在や不在が生む強烈な違和感。そして、そんな平手の異質さこそが、欅坂46というグループをアクチュアルな存在たらしめているという事実だった」と語っている。

確かに、多様性、公平性、平等性、透明性がことあるごとに尊重される時代にあって、突出した才能を語るのは難しいのかも知れない。しかし、それを感じた者は伝え続ける必要がある。芸能界に身を置く者やその周辺にいる者には、若干の忖度が必要なのかも知れないが、芸能の世界を絶えず更新していくためにも、ありのままを伝えることが責務なのだ。

『永遠より長い一瞬～あの頃、確かに存在した私たち～』は欅坂46の初のベストアルバムで、欅坂46への改名後の2020年10月に発売された。CDには、シングル曲、カップリング曲、アルバム収録曲全44曲が収めらており、Blu-rayにはアニバーサルライブ（以下、「アニラ」と称する）から27曲、全国アリーナツアーライブ（以下、「全ツ」と称する）から16曲の映像記録が収められている。ここでは、印象に残る幾つかの作品について触れたい。

『1stアニラ（2017年：代々木第一体育館）』の『乗り遅れたバス』では、センターでない貴重な平手のダンスが見られる。この曲は、長濱ねるさんをフィーチャーした曲なので、平手は、鈴本美愉さん、今泉佑唯さん、小林由依さんとともに、セーラー服姿で長濱さんのサポート役として踊っている。

『2ndアニラ（2018年：武蔵野の森総合スポーツプラザ）』は平手不在のライブで、センターはそれぞれ別のメンバーが務めた。収録されている映像は、『ガラスを割れ！』（センター：鈴本美愉さん）、『月曜日の朝、スカートを切られた』（センター：渡邊理佐さん）、『不協和音』（センター：菅井友香さん）、『国境のない時代』（センター：長濱ねるさん）で、平手不在のライブをじっくり見ることができる。

『3rdアニラ（2019年：大阪フェスティバルホール）』のハイライトは『シンクロニシティ』である。この曲は、もともと2018年4月発売の乃木坂46の20thシングルで、センターの白石麻衣さんやフロントメンバーの顔触れを見るに、グループ最盛期の作品である。事実、「日本レコード大賞」にも輝いている。そもそも、シンクロニシティとは心理学者ユングが提唱した「独立して起きる2つの事象は一見無関係のように見えて、何か類似性や近接性を持つ（意味ある偶然の一致）」という概念である。音楽分野では、古くは、イギリスのロックバンド「ポリス」が曲やアルバムの標題にこのシンクロニシティを使っている。

欅坂46は、普通にはやらない他のグループの曲を何故披露したのか。これには、良く知られた秋元康氏と平手のエピソードが関係している。秋元氏は日頃から手元にある様々なデモ曲を平手に聞かせ、感想を求めているという。その中にこの曲があり、平手は自分が歌いたいと熱望していたという。しかし、結果としてこの曲は別のグループに渡り、平手が激怒したという。曲名は伏せられていたが、ラジオで二人が直接話しているので事実だろう（平手は、ロキノンのインタビューで、その曲が『シンクロニシティ』だと明かしている）。それだけ思い入れのある曲なので、平手は、機会があれば欅坂46

バージョンの『シンクロニシティ』を披露したいと思い続けていたのだと思う。そして、大阪フェスティバルホールのライブである。

歌い出しの「悲しい出来事があると　僕は一人で　夜の街をただひたすら歩くんだ背中丸め俯いて　行く当てなんかないのに　雑踏のその中を彷徨う……」の歌詞には、平手のソロ曲『夜明けの孤独』や『角を曲がる』に通ずる情景を彷彿とさせるものがある。ライブでは、人の流れに逆らい一人歩く平手が何かに気付いたように振り向くと、何人かが呼応したように振り向くシーンから始まる。この一寸した気付きが曲のテーマなのだ。平手は、舞台の上段に移動し、センターポジションで「きっと　誰だって　誰だってあるだろう　ふいに気づいたら泣いていること　理由なんて何も思い当たらずに涙が溢れる　それは　そばにいる　そばにいる誰かのせい　言葉を交わしていなくても　心が勝手に共鳴するんだ　愛を分け合って」を、豊かな表情でパフォーマンスする。

この平手のパフォーマンス全体から感じるのは、踊る楽しさというよりはこの曲を披露できた嬉しさのようだ。それにしても、自分の思いを実現させてしまう意志と行動力は底知れない。

『3rdアニラ（2019年：日本武道館）』は、大阪フェスティバルホールに続くライブで、5月に3日間開催された。この公演は、平手がセットリストから演出まで深く関与したと言われ、その意向の反映か、ユニット曲は挟まず、MCも時間稼ぎの数分程度で、息つく暇もない怒涛の90分ライブだ。この映像記録には、前に紹介した「影絵パフォーマンス」と『DANCE TRACK』を含む7曲が収録されているが、いずれも熱気あふれるパフォーマンスで、欅坂46の頂点を感じさせる。

最終日のみ披露されたアンコール曲は『黒い羊』だ。この後の東京ドーム公演では披露されていないので、ライブとしては最後の『黒い羊』となった。メンバーは制服、私服など思い思いの衣装で、平手演ずる『黒い羊』を追い詰めていく。悪意の目に晒されながら、「全部、僕のせいだ」と発する平手の台詞の言い回しとその表情は彼女の真骨頂だ。最後、平手は小林由依さんに彼岸花を渡し立ち去る。小林さんが後を追おうとするが、平手はこれを拒絶する。無言だが〝僕だけでいい〟との思いが伝わる。

欅坂46や平手友梨奈に関する優れたコラムで知られる萩原梓氏は、この武道館公演全体について「ソロやユニット曲をなくしたことで、枝葉のように分かれたスピンオフ的な世界ではなく、表題曲や深みを持った準表題級の楽曲の連なりによって一本の太い幹のような公演に仕上がったこと。MCを極力排したことで、楽曲の組み合せやステージ上の動きの連続で積み立てられたライブ展開など、特筆すべき点は多い。異端と言われる彼女たちにとってとても大きな挑戦であっただろう」と述べている（ウェブメディア『リアルサウンド』2019年5月14日付「欅坂46、3周年ライブの背景にあった対照的なテーマ／グループの基調を提示した日本武道館公演」）。

『2017年の全ツ』は初のアルバム『真っ白なものは汚したくなる』の発売を記念し、神戸、福岡、名古屋、仙台、新潟と巡り最後が幕張メッセだった。映像記録には、幕張メッセで披露された7曲（『Overture』を含む）が収録されている。

『2018年の全ツ』は、福岡、新潟、横浜、神戸と巡り幕張メッセで締めた。珍しい映像と言えば、前に少し触れたが福岡メッセで1日だけ披露された、平手のソロ曲『夜明けの孤独』のピアノによる弾き語りである。舞台裏での平手の緊張シーンはよく見るが、舞台で緊張している平手の姿は貴重かも知れない。収録作品の中には、幕張メッセの平手の舞台からの落下事故があった『ガラスを割れ！』（落下時の映像はカットされている）と、病院で手当てを受け復帰したアンコール曲『太陽は見上げる人を選ばない』が収録されている。

このときの『ガラスを割れ！』の映像についてのロキノンのインタビューにおける小柳氏と平手のやりとりが面白い。平手が「覚えていない。動画は見ましたけれど」と言う。小柳氏が「動画を見てどう思った？」と聞く。平手は「え、ダンスじゃないって思いました。ダンスじゃないし、あ、怪物みたいって言いました。ははは。怖かった。怪物みたいだった」と答え、小柳氏が「でも、その怪物みたいな自分が自分の中にいるわけだよ」と言う。平手は「そうですよね。こわいねえ、人って」と他人事のように答えている。……そして、小柳氏が「それをあらためて目の当たりにするとどう思うの？　自分ってなんなんだろうって感じなの」と聞くと、平手は「あ、それは思いますね。毎回。特に記憶がないときは。え、こんなことできるんだ、って思います。やれって言われても逆にできないし。……」と述べている。これは、平手を考える上で重要なやり取りだと思う。

『2019年の全ツ』には、平手の不参加が予め発表されていて、他のメンバーがセンターを務め、ツアーは順調に進められていた。ところが、平手は大阪城ホール以降のライブに一曲だけ復帰したのだ。その映像『避雷針』（大阪城ホール会場）が収録されている。

舞台に後ろ姿の平手、やがてそれが平手だと分かると、割れんばかりの歓声、当日の参加者は会場が揺れるようだったと語っている。キャプテンの菅井友香さんもこれまで聞いたこともない歓声だったと述べている。舞台の平手と言えば、登場して暫くは、歌っているようにも、踊っているようにも見えず、大袈裟に言えば、舞台を彷徨い、ただ存在しているだけなのだ。ある意味、これは残酷なシーンだ。でも、これが〝芸能〟の本質であり、他のメンバーが可哀そうと言ってはいけないのだろう。

2020年9月に公開された欅坂46のドキュメント映画『僕たちの嘘と真実』には、ライブ映像が多用されており、中には新たな音源が使われているものもある。映画館で見るライブ映像は特に迫力があり、メンバーのプライベートや外の仕事を見せることもなく、あくまで欅坂46の音楽映画であることが素晴らしい。この映画の平手友梨奈の立ち位置は微妙だ。映画の公開時、平手は既にグループを離れており、彼女の発言は過去の映像として出てくるが、この映画のためのインタビューには登場していない。

映画のパンフレットには「……その熱狂は同時に、一人の才能を開花させることになる。欅坂46の絶対的センター、平手友梨奈。そのズバ抜けた表現力と妥協を許さぬストイックさは、従来のアイドル像を木っ端微塵に吹き飛ばし、仲間たちもまた、平手友梨奈の引力に導かれながらともに戦い続けた。そして欅坂46にしかない〝新世界〟をともに創造してきた……」とあり、まさにこの映画の主人公の扱いだ。しかし、映画のエンドロールで流れる平手の扱いはSpecial Appearance（特別出演）で、パンフレットのメンバー紹介にも掲載されていない（なのに、表紙には平手をフィーチャーした写真が使われているのだ）。当然、欅坂46のドキュメンタリーとなれば、平手抜きには成立しないのだが、リアルタイムの平手は不在という、ある意味、不思議な映画でもある。

平手は、ロキノンのインタビューでこのドキュメンタリー映画に触れている。「単刀直入にいうと、この作品の中で私は一言も話していません。自分は欅坂の一員だったから、自分が歌ったりしている姿とか、言動、行動は映っていて、それに対していろんな意見もでるとは思います。でも、こんな自分のことを必死でサポートして、支えて来てくれたマネージャーさん、秋元さん、メイクさんだったり、私が信頼しているスタッフさんは沢山いて、その人たちのことは叩かないで欲しいと思います。それが自分は一番傷つくから。……最近、マネージャーさんと〝いつかすべて語れる日が来たらいいね〟って話していた」と。

　この映画のエピソードの数々は、様々な場所で取り上げてきたので、平手の印象的なシーンを一つだけ紹介したい。とても幼い感じなのでデビュー間もない14～15歳頃の映像と思われるが、平手は「……それなら難しいダンスを頑張って、皆で達成感溢れるステージにしたいです。でも、今日はあまり泣けなくて、だから自分的に納得してないんだなと思って。最近、こんなんばっかりなんですよ」と言う。インタビュアーが「理想が高いんだね」と言うと、平手は「多分、納得していれば、自然に涙がでてるんですよ。いつか来ますかね、そういう日が」と話す。果たして、平手に「そういう日が」来たのだろうか。

# 11 平手友梨奈へのインタビューと雑誌への登場

平手のテレビへの出演は、ドラマとその番組宣伝を除き多くない。その中で、興味深いのは、2017年4月、NHKが放送した『SONGS 欅坂46 平手友梨奈15歳～その舞こそが、心の叫び～』である。ここでは、曲の披露は欅坂46であったが、番組としては完全に平手をフィーチャーして作られている。オーディション会場など過去を振り返る映像を流し、舞台に立つ思いを聞いている。

ここで、平手は「センターっていうのはあるし、いろいろファンの人から言われたりするので、それはやっぱり傷つくし、でもそれには負けていられないので、だったらもうやるって思います。ライブとかで思いっきり。それしかもう反論することがないですよね」と語っている。

一方、意外だが、活字媒体やウェブ媒体への登場は結構多い。ファッション誌の表紙を飾る場合、人物紹介と短いインタビューが掲載されることが多く、映画やテレビドラマに出演する場合には、その都度『モデルプレス』や『シネマトゥディ』などのエンタメ系ウェブ媒体に内容紹介やインタビューが掲載される。これらは、扱いの軽重はあるものの特別ではない。

平手が特別なのは『ROCKIN'ON JAPAN』(ロキノン)への登場である。

ロキノンは、1986年創刊のロック専門の音楽雑誌で、ロックを愛する人たちに絶対的な支持を得ている。このロキノンが2017年4月号に編集長小柳大輔氏によるインタビュー「今を生きる革命のセンター・平手友梨奈、その目に映るものとは？自分、表現、すべてを明かす1万字の独白」を掲載したのだ。読者からは「ロキノンが平手をインタビューしたぞ！　これは事件だ！」「ロキノンはアイドルも取り込む普通の音楽雑誌になるのか」など様々な意見が寄せられた。確かに、平手の持つ音楽性にロック魂を感じていた読者もいただろうが、一般の読者は人気アイドルそれも15歳の少女から何を聞き出せるのか疑問に思ったと思う。

このインタビューで平手は、「パフォーマンスしている自分と今の自分は違うんですよ。普段の平手友梨奈だと飽きちゃうというか、楽しくないんですよね。あんまり「よく昔の私を見たいって言われるんですけど、昔は昔、今は今しか出せないから、今の私を見て下さいというか。20歳の私には、もう絶対、15歳の私なんて表現できないから。だったら今のうちに思う存分見ておいてくださいって感じなんですね」「正直言うと、私も自分が何になりたいか、何に向かっているのかもまだわからないんですけど、……」などと語っている。発売後、読者からの否定的な意見はなかったようだ。そして、これを機に、欅坂46はロックフェスの常連になる。

小柳氏はインタビューや写真に平手を起用したことに関し「時代の必然」と確信的に述べている。以降、小柳氏の平手へのロキノンインタビューは2021年10月号まで、折に触れ7回行われている。小柳氏は、インタビューを定期的にやる意味について平手に「そもそもいつどこに行っちゃうかわからないから、君の場合は。だからちゃんと形に残そうよという話をさせてもらって」と述べている。この一連のインタビューは、平手を考える際の一級資料になっている。

小柳氏は音楽に長く携わって得た知識や経験を踏まえ、平手にかなり踏み込んだ問いかけを行う。平手もそれに応え、個々の楽曲の自分なりの解釈やその表現方法を真摯に答えており、ここでは結構饒舌なのだ。平手の小柳氏に対する信頼は絶対的だ。一方、私に言わせれば、当然、小柳氏も〝溺愛派〟の一人だ。ファンにとって、TOKYO FMの『SCHOOL OF LOCK!』が平手の「生存確認」の場であるのならば、ロキノンは平手の「存在確認」の場であったのだ。インタビューの内容は本論の多くの場所で引用させてもらったので、以下に小柳氏の直接音楽に触れていないインタビューの一部を紹介したい。

平手を表紙に起用した2019年6月号では、珍しく、彼女の生い立ちを聞いている。彼女は幼少期を振り返り「周りは自然豊かで、でも森とか川はなくて田んぼばっかりで、カエルやザリガニを獲っていた」「めっちゃ元気で、（となりの）トトロのメイちゃんみたいな、あんな感じ」と述べている。学校については「クラスでは普通の存在で、勉強はついていけなかった。一応頑張ったは頑張ったけれどできなかった」と言い、先生に何になりたいのと聞かれても「ない」、図工で何を書きたいのと聞かれても「ない」という状態だったらしく、本人は「学校が合わなかったんだと思います」と総括しているが、先生にとっては、とても厄介な生徒だったのだろう。

そもそも、教育の第一義は何故学ぶかという動機付であって、何を学ぶかは次のステップなのだ。平手は結局、学ぶことの意義を見いだせないまま学生時代を過ごしたのだろう。ただ、同じインタビューの後半で、平手は「(欅に入って) いい先生にたくさん出会ったんだなと思っています。秋元さんとか、TAKAHIRO先生とか、新宮監督とか、うん。学校の授業で習えないことをいっぱい学んでいるんだろうなと思います」と語っている。そして、平手らしいのは、続けて「でも逆に、みんなが学んできたものを学べないから、そこの苦しみを共有できないのはすごく申し訳ないと思いつつ、できるだけ、寄り添って共有したいって気持ちが大きいです」と述べていることだ。本人も自覚しているようだが、平手の普通の人生は欅坂46のメンバーになった時から始まったのかも知れない。

また、平手の場合、『Casa BRUTUS』(マガジンハウス) のようなアート誌の芸術祭を巡る特集に登場することがある。同誌の2019年8月号では、瀬戸内の直島、豊島を含む瀬戸内国際芸術祭を、2021年9月号では、越後妻有の大地の芸術祭を巡った模様が、写真集のように掲載されている。「個々のアート作品やその土地固有の風景」と「その鑑賞者たる平手友梨奈」とを同時に鑑賞するという、考えて見れば妙な企画だ。この二つの特集は、被写体としての平手を良く知る写真家神藤剛氏の作品で、言葉にするのを許さないような「静粛感」が見事だ。これを成立させているのは、アートと平手との親和性だと説明しても意味はない。恐らく、アートに干渉しない平手独特の佇まいなのだろう。

# 12 平手友梨奈のソロ活動

2020年1月23日、平手友梨奈は欅坂46を離れることとなった。私は、この事態は想定内で驚きもなかった。関心は、平手にどのような新しいプラットフォームが用意されるかであった。結果、所属は「Seed & Flower合同会社」のままであった。好意的に考えれば、人見知りが激しい平手に、気心知れたスタッフと一緒に仕事ができるよう配慮したともとれるが、何か違うような気がする。ある意味、平手に「新しいプラットフォーム」を用意できないことが、日本の芸能界の限界なのだろう。ここから、2022年12月22日の「HYBE JAPAN」への移籍発表までの約3年間の平手の主な活動（作品）は次のようなものである。

音楽：『ダンスの理由』『かけがえのない世界』
ドラマ：『ドラゴン桜2』『風の向こうへ駆け抜けろ』『六本木クラス』
『メゾンハーゲンダッツ～8つのしあわせストリー～』（配信）
映画：『さんかく窓の外側は夜』『ザ・ファブル2　殺さない殺し屋』
『僕たちの嘘と真実～Documentary of 欅坂46』（映像は欅坂46時代のもの）
FNS歌謡祭：『生きてることが辛いなら』『No Time To Die』
MV：『WanteD! WanteD!』
ラジオ：『平手友梨奈のGIRLS LOCKS!』（最後の2か月）『平手LOCKS!』

3年でこれだけの実績は凄いが、音楽を除いて、殆どが制作者側からのオファーだと思われ、事務所が積極的に動いた形跡はない。音楽以外の作品は既に取り上げてきたので、ここでは、音楽作品だけを扱う。

音楽についての事務所の関与度合いは不明だ。この二つの音楽作品は作詞が秋元康氏、作曲は櫻坂46にも関わってきた辻村有記氏と伊藤賢氏で、従来の人脈と捉えていいのだが、決定的に違うところもある。一つは、平手が制作過程の初期から加わり、作曲にも参加していること。もう一つは、曲がwith danceを前提にしていることだ。実際、二つの作品のMVでも、テレビでの披露でも、平手はプロのダンスチームをバックに歌い、踊るのだ。

その振付けを担ったのは平手より5歳年上のAmami氏で、この出会いは平手にとって幸運だったと思う。前にも述べたが、ソロになって平手が一番力を入れたのはダンスであり、平手はAmami氏の下で、ダンスを基本から学び直し、Amami氏も平手がプロでもきつい練習量をこなしていると語っている。平手は、曲とダンスがそれぞれ独立しつつも、そこに一体感が成立する音楽作品を目指したような気がする。欅坂46時代の延長ではない、この新しい試みの音楽作品を事務所が積極的にプロモートした気配はない。

1つ目の作品『ダンスの理由』の初披露は2020年12月のFNS歌謡祭第2夜で、出演は発表されていたが、披露する内容は何のアナウンスもなかった。番組の終盤、平手は10名のバックダンサーを伴って登場、生放送で披露されたのは『ダンスの理由』

だった。覚悟を感じさせる凛とした表情、満を持しての音楽シーンへの再デビューだ。秋元氏の歌詞は、再出発する平手へのプレゼントのようだ。踊ることの意味と覚悟を「私が踊り続ければ　世界が許すと言うのなら　いつまでだって　Keep going yeah 何度だって踊るよ　倒れても構わない　誰かの悲しみを癒す　その一瞬のために夢のようなターン決めよう」と表現している。平手は、プロ集団であるダンスチームと一体となり、時には対峙し、最後は皆を鼓舞するように先頭に立って踊る。ダンスは激しく、攻撃的で、一分の隙もない。後退することは許さない、前に進むだけなのだ。平手の身体から繰り出される一つ一つの情報は、見るものの感情を揺さぶり続ける。それは、人間の最も原初的な感情なのかも知れない。

萩原梓氏はこの『ダンスの理由』について「ダンスは圧巻の迫力で、大所帯でも目を引くその存在感はまったく衰えておらず、グループ在籍時に絶対的センターと言われてきた所以を再認識させられる。サビ前の振り返る仕草、足で全力で蹴る振り、そこから元に戻る姿勢、ターン後のバランスの取り方、体重移動、体幹の強さ、眼力、すべて見惚れてしまう。それどころか冒頭の奥から前方に歩いてくる姿だけでもオーラが違った」と語っている（『リアルサウンド』２０２０年12月10日付「平手友梨奈、ソロ曲『ダンスの理由』の衝撃『FNS歌謡祭』で見せた飽くなき姿勢と意思表明」)。

曲がテレビで披露された後、MVが発表された。栃木県の大谷石採石場跡という無機質で広い野外空間を舞台にしたMVで、監督は『黒い羊』を手掛けた新宮良平氏である。この撮影の模様は、ロキノン2021年3月号に編集長小柳大輔氏による優れた現場密着レポートが掲載されている。レポートは、都内でのリハーサルから現地での撮影風景までの14時間をまとめたものである。このレポートを読み、掲載されている写真を見ての感想でしかないが、ダンスチームの多くが平手より年下なこともあり、平手がキャプテンシーを発揮し、全体をまとめていることが見てとれる。また、現地撮影での平手からは、表現へのこだわりとダンスの出来に関する妥協しない姿勢がひしひしと伝わる。クリエーター平手の本領発揮だ。

2つ目の作品『かけがえのない世界』の初披露もFNS歌謡祭で、2021年7月14日に生放送された。平手は、8名のダンスチームを従え、真っ白なスーツと真っ赤なソックスといういでたちで現れ、歌いながら、切れの良いダンスを披露する。「君がすべてだった　何度も言ったじゃないか　失ってから　わかって来た　大切な人よどこにいるんだ?」と失恋ソングのように歌い、一方で「〝かけがえのない世界〟そんなもの…存在しない」……「悪くはない　孤独の世界」と歌う。要は「幻影のような〝かけがえのない世界〟を失ったところで、何とかなるさ、人はもともと孤独な存在なのだから」というメッセージなのだろう。

平手はロキノン2021年10月号の小柳大輔氏のインタビューで「曲自体はもともと作っていたんですけどね。まさかっていう歌詞が(秋元康氏から)来ましたね。……ああ、これを今の自分に歌わせるんだあ」と語っている。また、「レコーディングは一緒に作曲した辻村さんと伊藤さんがいろいろディレクションして下さったんです。……私が『もうこれ以上出ない!』って言っても『いや、できる! 出る!』って言われて『よーい、スタート』みたいな感じでやるから」と臨場感溢れる答えをしている。この曲は、その後何回かテレビで放映されたが、その都度歌い方を変えてきている。特に、曲の最後に歌われる「悪くはない　孤独の世界」の最終形は明らかに説得力が増している。

この曲にはユニークなMVがある。映像では、世界の終わりを象徴する終末時計が時を刻み、現代を象徴するスマホが玩具として扱われ、身の回りの品が次々に壊される。その中で、笑顔で踊る平手とダンスチームが印象的だ。つまり、〝かけがえのない世界〟が終わろうと、人は踊り続けるのだ。また、平手の着るシャツが、スタンリー・キューブリックが1971年に発表した映画、『時計じかけのオレンジ』のものであることから、その世界を暗喩したとも思われる。そもそも『時計じかけのオレンジ』は英国のスラングで「見た目は普通のオレンジだが中身はとんでもない」という意味があるそうだ。

この2つの作品に関わった辻村有記氏のインタビューがある。そこに平手に関する部分があり興味深い。「とにかく物事に対する向き合い方が尋常じゃないからこそその実力なんだと思います」と語り、10歳以上年上の辻村氏に「僕も負けたくないと思いました」とまで言わしめている。音楽性に関しては「彼女は頭と体が分離していないというか、サウンドやメロディー、歌詞とあらゆる要素を動きながら吸収して表現していくようなイメージ」と語っている（『リアルサウンド』2021年7月18日付「Hey! Say! JUMPや平手友梨奈らの楽曲を手がける辻村有記が語る、J-POPの可能性『世界に発信していける文化の最後の砦』」）。

# 13

## 秋元康氏と平手友梨奈

平手友梨奈を考えるとき、秋元康氏抜きでは成立しない。平手は秋元氏から多くのことを学び、多くの刺激を受け、数少ない話せる大人として敬愛しているのだろう。だが、平手が終始秋元氏のコントロール下にあったかというとそれは違うと思う。秋元氏は、かなり初期の段階から、平手は「なんでも自分で決める」と言っているし、グループ外の仕事の内容を見ても、秋元氏が深く関与した節は見られない。だから、秋元氏が平手を「特別扱い」したとか「ゴリ押し」したとか言う話には何の根拠もない（あったとしたら、坂道AKBの『誰のことを一番愛してる?』へのセンター起用ぐらいと思うが、しっかりと結果を残しているので、何の問題もないのだろう）。

欅坂46の平手センターを主導したのは今野義雄氏が仕切る運営サイドであったと思

われる。それは、作品のクオリティやグループの人気を維持するためには当然の選択であり、世にいう「神格化」などと言うのは妄言に過ぎない。

総合プロデューサーを名乗る秋元氏の役割と権限がよく分からない。秋元氏は女性アイドルグループの募集、育成、運営、マーケティングを統括的に行うビジネスモデルの創始者であり、かつ、AKBグループや坂道グループのほぼ全ての楽曲の作詞をしており、この領域に絶対的な影響力を有していることは言を俟たない。しかし、個々のグループの運営に深く関与しているとは思えない。と言うのも、秋元氏は新しいグループの立ち上げには熱心であるが、その先のことには、関心が薄いように見える。あるグループが衰退に向かう時、ハンドリングを変えるより、新しいグループを作った方が早いのだ。多分、これを含めてのビジネスモデルなのだろう。

各グループのメンバーへの思い入れも、一握りの例外を除き、あまり強くないのだと思う。アイドルをビジネスツールと考えない限り、数百名のアイドルを傘下に収めることはできないし、「総選挙」とか「じゃんけん」で選抜メンバーを決める被虐的な仕掛けはできないだろう。これは批判ではなく、「秋元氏がこれを面白がるであろう世間を冷静な目で見ていた」という事実だ。

秋元氏の本領は、作詞を中心にした楽曲の提供だと思う。量産される「歌詞」は常に一定のクオリティが担保されており、楽曲として提供される際は、音楽性も担保されている。各グループの運営は、ここまではお任せ状態のようだ。問題は、誰にも真似できない秋元氏の作詞術だ。そこに感じるのは「言葉の職人」だ。秋元氏は若い頃、ラジオ番組の「はがき職人」として無数の言葉に触れてきた経験があり、そこから会得したものも大きいのだろう。また、秋元氏は「言葉の魔術師」で、別のところでも述べたが、どんな詞でも自在に書けるのだ。要は、秋元氏に世界観は必要ないのだ。秋元氏もこれを自覚していただろうことは、尾崎豊氏に憧れていたことでも分かる。それに、世界観は最終演者に帰属するものなのだ。

平手友梨奈が、秋元氏の思い入れのある一握りのメンバーの一人であったことは間違いない。秋元氏が平手に手元にあるデモ曲を聴かせ感想を聞いていたこと、夜型人間の二人が深夜にラインで日々やりとりしていたことなどを考えれば、総合プロデューサーとメンバーとの関係と言うよりは人と人との関係のように思える。秋元氏が平手をして天才と称したことは有名だが、何を感じていたのだろうか。それは、平手の独特の感性や演者としての才能もあるのだろうが、私は、彼女のクリエイティブな才能だと思う。ひょっとしたら、そこに羨望の気持ちがあったのかも知れない。

秋元氏と平手は似た者同士というのも分からないではないが、決定的に違うところがある。それは、秋元氏は徹底して世俗の人であり、平手はそこから最も遠いところにいる人なのだ。

# 14 おわりに（平手友梨奈って何？）

平手友梨奈ほどその将来が予測不能な芸能人はいない。平手には芸能人なら持っているだろう野心や自己顕示欲が見当たらない。なにせ、「今、一番うんざりすることは」と問われて、「自分のパフォーマンス」と答える人物なのだ。何をしたいのか？何を目指しているのか？平手に聞いてみても「分からない」と言うだろう。多くの人が危惧しているように、突然、いなくなってしまうことさえありうるのだ。ただ、少し大人になり、表現することへの変わらない姿勢があり、他人を驚かすのが好きな平手なら、自ら選んだ「HYBE JAPAN」の新しいプラットフォームで、何を見せてくれるのか期待してよいと思う。

彼女が国民的歌手、国民的俳優と呼ばれることはないだろう。彼女にはそのような希望はないし、そもそも自分が人気者で、多くの賞賛や期待が寄せられていることさえ理解しようとしないのだ。「表現する者は表現して終わりで、その評価について表現した者は何かを言う資格もないし、言うべきではない」と平手は考えている。

CDの売上枚数、楽曲の配信数、ライブ会場の箱の大きさ、テレビへの露出にも関心があまりないようだ。平手は、自分が表現したことを、誰か一人でも受け止めてくれたらよいと思っているのだ。この考え方は、恐らく、現状の芸能界のアンチテーゼである。CDの売上枚数、テレビへの露出度（CMを含め）、SNSのフォロアー数などを競うことに明け暮れるだけが〝芸能〟の世界ではないはずだ。

映画、ドラマ、モデル、CMなどはオファーの内容次第で続けて行くと思う。平手の場合、本人がどの程度意図しているかは別にして、セルフプロデュースが徹底しており、オファーは厳しく選別するのだと思う。このため、芸能界の常識とされる「露出度＝人気度」から外れるが、逆に、新鮮度が維持され、芸能の世界で独自のポジションを得ていくことは間違いないと思う。

問題は音楽なのだ。「ソロ歌手」「歌手 with dance team」「ダンス with songs」「平手をリーダーとする小人数のグループ」のどの形態を取るのか。俳優の余技ではないソロ歌手として新たなJ-popにチャレンジしてほしいとの思いもあるが、既に実績のある「歌手with dance team」が妥当なのかなと思う。平手は作詞、作曲、振付けもその気になれば自分でできるだろう。平手は、日々の出来事や感じたことをノートにまとめているという。ただ、作詞する作業には、語彙力と矛盾するようだが言葉の意味を深く考えないことが必要なのだ。言葉の意味にこだわり過ぎる平手には作詞のハードルは少し高いような気がする。作曲は、信頼できるディレクターがいれば問題ないと思う。さらに、平手のクリエイティブな才能とキャプテンシーをもってすれば、自ら主導する音楽集団の結成、ライブの演出などは期待の範囲だ。

芸能界にはよく「引き寄せの法則」があると言われている。優れた人には自然と優れた作品が寄って来るということだ。というより、魅力的な人材がいれば、優れたクリエーターがより良い作品をと考えるのは当然のことなのだ。欅坂46や平手友梨奈に優れた作品が押し寄せたのもこの例かも知れない。そしてこれは、音楽だけではなく、映画やドラマにもあてはまるのだろう。平手の魅力を知るクリエーター達が、平手の再登場を待ちわびているような気がする。

平手は、よく自分のことを「無」だとか「からっぽ」だと言う。ある意味、これは平手の本音なのかも知れない。自分以外の何にでもなれるが、「自分になる」のが一番難しいということなのだろう。映画『響』の撮影が終わったとき、響のままでいたいと言っていたのを思い出す。

人間に潜む根源的な本能には、消えてなくなりたいと思う「消滅本能」と全てを壊してしまいたいと思う「破壊本能」が同居しているような気がする。そして、前にも少し触れたが、この相反する二つの本能を何のためらいもなく表現できるのが平手だと思う。振付師TAKAHIRO氏は「平手が凄いのは心のリミッターをはずせることだ」と言っていたが、言い得て妙だ。

平手友梨奈は何を成し得たのか。その評価が定まるには時間がかかると思う。ただ、芸能界の特異点であることは間違いなく、芸能界に徐々にその影響を及ぼしていくことだろう。特異点とは数学や物理学で用いる概念で「ある基準を適用できない、あるいは、一般的な手順では求まらない点」と言われるが、要は「定義されない点」なのだろう。この概念を別の分野で考えることがある。文化的特異点に倣って、芸能界を考えると「それ以前になかったタイプの人物による革新的な表現や意見表明などにより、その後の芸能を一変させる事象」といえるだろう。そして、行きつくところは、〝芸能〟の再定義であり、既成概念に捉われない新しい〝芸能〟の誕生である。

全ての正統は異端から始まるのだ。

# 参考資料：年譜

本論で触れた平手友梨奈が関わったイベントを中心に年譜として整理した。年号の後に記したのは彼女の当時の年齢である。シングル曲発売の項には、同時に発売された主な楽曲名などを表示した。

## 2015年　14歳

8月21日……欅坂46活動開始
10月5日……欅坂46の冠番組「欅って、書けない？」放送開始（テレビ東京）
11月14日……メンバーブログを開設（欅坂46公式サイト）
12月16日……FNS歌謡祭「制服のマネキン」を披露（テレビ初出演）
＊AKB48、乃木坂46と共演

## 2016年　14〜15歳

4月2日……「欅坂46 こちら有楽町星空放送局」放送開始（ニッポン放送）
＊初代パーソナリティーに平手友梨奈
4月6日……1stシングル「サイレントマジョリティー」発売
＊山手線（平手友梨奈ソロ曲）
＊手を繋いで帰ろうか、乗り遅れたバス、キミガイナイ
5月30日……「BUBKA」7月号発行（白夜書房）
＊柳美里氏の平手友梨奈に関する記事掲載
7月5日……バラエティ番組「KEYABINGO!」放送開始（日本テレビ）

＊2017年まで断続的に放映

7月17日……メンバー総出演「徳山大五郎を誰が殺したか?」放送開始（テレビ東京）

8月10日……2ndシングル「世界には愛しかない」発売
＊渋谷からPARCOが消えた日（平手友梨奈ソロ曲）
＊語るなら未来を…

11月30日……3rdシングル「二人セゾン」発売
＊大人は信じてくれない、制服と太陽、夕陽1／3
＊てち浪漫（平手友梨奈のPV）

12月14日……FNS歌謡祭「ミモザ」を披露（ゴスペラーズと共演）

12月24・25日……初のワンマンライブ開催（有明コロシアム）

12月31日……NHK紅白歌合戦に初出場「サイレントマジョリティー」を披露

## 2017年　15〜16歳

1月21日……欅坂46キャプテン、副キャプテンを決定

2月30日……「ROCKIN'ON JAPAN」4月号のインタビューに初登場

3月15日……「誰のことを一番愛してる?」発売
＊AKB48 47thシングル「シュートサイン」のカップリング曲
＊坂道AKB選抜メンバーによる楽曲（センターは平手友梨奈）

4月5日……4thシングル「不協和音」発売
＊エキセントリック、微笑みが悲しい、W-KEYAKIZAKAの詩

4月6日……「欅坂46デビュー一周年ライブ」開催（代々木第一体育館）

4月6日……NHK「SONGS 平手友梨奈15歳～その舞こそが心の叫び～」に出演

4月17日……「SCHOOL OF LOCK!」内「GIRLS LOCK!」に出演（TOKYO FM）

＊平手友梨奈が3週目パーソナリティーに就任

5月18日……メンバー総出演「残酷な観客達」放送開始（日本テレビ系）

6月24日……幕張メッセ握手会で平手友梨奈のレーンで発煙筒が焚かれる事件発生

7月19日……1stアルバム「真っ白なものは汚したくなる」発売

＊自分の棺（平手友梨奈ソロ曲）

＊危なっかしい計画、AM1:27、太陽は見上げる人を選ばない 君をもう探さない

7月22・23日……「欅共和国２０１７」開催（富士急ハイランドのコニファーフォレスト）

7月27日……NHK「SONGS SEKAI NO OWARI」に高校生代表として出演

8月2～30日……「全国ツアー２０１７」開催

＊神戸、福岡、名古屋、仙台、新潟、幕張

8月12日……「ROCK IN JAPAN FES. 2017」に初出演（国営ひたち海浜公園）

10月25日……5thシングル「風に吹かれても」発売

＊避雷針

12月6日……FNS歌謡祭「ノンフィクション」をダンスで披露（平井堅氏とコラボ）

12月31日……NHK紅白歌合戦出場「不協和音」を披露

## 2018年　16〜17歳

3月7日……6thシングル「ガラスを割れ！」発売

……＊夜明けの孤独（平手友梨奈ソロ曲）

＊もう森へ帰ろうか？

4月6〜8日……「2nd YEAR ANNIVERSARY LIVE」開催（武蔵野の森総合スポーツプラザ）

＊平手友梨奈不参加

7月20〜22日……「欅共和国2018」開催（富士急ハイランドのコニファーフォレスト）

8月4日……「ROCK IN JAPAN FES. 2018」に出演（国営ひたち海浜公園）

8月11日〜9月5日……「夏の全国アリーナツアー2018」開催

＊福岡、新潟、横浜、神戸、幕張

8月15日……7thシングル「アンビバレント」発売

＊Student Dance, I'm out

9月14日……初主演映画「響 -HIBIKI-」（東宝）が公開

＊鮎喰響役で出演

9月22日……「イナズマロックフェス2018」出演（滋賀県草津市烏丸半島芝生広場）

11月21日……グループ写真集「21人の未完成」発売

11月29日……2期生として9名が加入

＊坂道合同オーディション合格者39名から

12月31日……NHK紅白歌合戦「ガラスを割れ！」を披露
＊平手友梨奈欠席、センターは小林由依さん

## 2019年　17〜18歳

2月8日……MV「スターゲイザー」（SEKAI NO OWARI）に出演
2月27日……8thシングル「黒い羊」を発売
＊Nobody
＊特典映像「KEYAKI HOUSE」
3月1日……平手友梨奈「第42回日本アカデミー賞　新人俳優賞」受賞
4月4〜6日……「3rd YEAR ANNIVERSARY LIVE」開催（大阪フェスティバルホール）
＊「シンクロニシティ」を披露
5月9〜11日……「3rd YEAR ANNIVERSARY LIVE」開催（日本武道館）
＊最終日のみアンコールで「黒い羊」を披露
7月5〜7日……「欅共和国2018」開催（富士急ハイランドのコニファーフォレスト）
8月16日〜9月6日……「夏の全国アリーナツアー2019」（平手友梨奈不参加）
＊仙台、横浜、大阪、福岡
＊大阪と福岡の公演のみ、平手友梨奈が「避雷針」で参加
9月18〜19日……全ツの追加公演として「東京ドーム」公演
＊「角を曲がる」初披露（後に配信）
11月13日……ベストヒット歌謡祭19「避雷針」を披露
11月27日……ベストアーチスト2019「風に吹かれても」、「アンビ

12月11日……FNS歌謡祭「月曜日の朝、スカートを切られた」を披露
12月23日……CDTVスペシャル クリスマス音楽祭2019「二人セゾン」を披露
12月27日……MUSIC STATION ウルトラ SUPER LIVE 2019
＊「黒い羊」「角を曲がる」を披露
12月31日……NHK紅白歌合戦「不協和音」を披露

## 2020年 18～19歳

1月23日……平手友梨奈「欅坂46」を脱退
7月3日……MV「WanteD! WanteD!」（Mrs.GREEN APPLE）に出演
8月26日……FNS歌謡祭「生きてることが辛いなら」をダンスで披露（森山直太朗氏とコラボ）
＊みおしめじさんと共演
7月16日……「欅坂46」の幕を閉じ新グループ名での活動を発表
9月4日……映画「僕たちの嘘と真実 Documentary of 欅坂46」（東宝）が公開
9月8日……「TOKYO SPEAKEASY」（TOKYO FM）で野田洋次郎氏と対談
10月14日……「櫻坂46」（欅坂46から改名）が活動開始
12月9日……FNS歌謡祭「ダンスの理由」を初披露（後に配信）

## 2021年 19〜20歳

1月22日……映画「さんかく窓の外側は夜」（松竹）が公開
＊非浦英莉可役で出演

4月23日……「平手LOCKS!」放送開始（TOKYO FM）
＊「SCHOOL OF LOCK! 教育委員会」第3金曜日枠

4月25日……「ドラゴン桜2（全10話）」（TBS系「日曜劇場」）放送開始
＊岩崎楓役で出演

6月18日……映画「ザ・ファブル2 殺さない殺し屋」が公開
＊佐羽ヒナコ役で出演

7月14日……FNS歌謡祭「かけがえのない世界」を初披露（後に配信）

12月8日……FNS歌謡祭「No Time To Die」をダンスで披露（ビリー・アイリッシュの楽曲）

12月18日・25日……「風の向こうへ駆け抜けろ」（NHK総合）前後編放送
＊芦原瑞穂役で出演

## 2022年 20〜21歳

1月7日……「メゾンハーゲンダッツ〜8つのしあわせストーリー」（配信）
＊湊川七海役で出演

4月1日……「MUSIC BLOOD」（日本テレビ）出演

7月7日……「六本木クラス（全13話）」（テレビ朝日）放送開始
＊麻宮葵役で出演

9月29日・10月6日……「シュガー&シュガー」（NHK Eテレ）に出演

＊サカナクション（山口一郎氏）による音楽実験番組

12月21日……韓国大手芸能事務所の日本法人「HYBE JAPAN」に移籍

＊新レーベル「NAECO」への所属発表

# あとがき

本論を書き進めながら、ずっと考えていたことがある。〝芸能〟についてである。

芸能を人間が自らの身体をもって表現する技法の総体と考えてみる。その根源は土着的なもの、宗教的なもの、それに人の心の清廉さと猥雑さが絡み合ったものだろう。そこから様々な文明的、文化的な洗礼を受け、芸術に昇華する流れもあるが、そのまま民衆の日常に根をはり、民俗芸能、伝統芸能、大衆芸能、演劇、映画、舞踏、音楽と広い裾野を有する形で、現在の芸能が存在しているのだと思う。重要なことは、芸能は常に現在進行形であること、未知の領域への弛まざる挑戦が可能であることだと思う。

ときに「他人が書いた詞で、他人が作った曲で、他人が付けた振付けで何が自己表現か」という人がいる。芸能の本質は、誰が表現するかである。優れた身体的表現は容易に言葉の壁を超えてくる。そもそも、人類の最も原初的な表現は身体によるそれなのだ。

平手友梨奈さんをアーティストと呼ぶ人が少なからずいる。これを否定しないが、私はそうはしない。そう呼ぶことで平手さんの存在を矮小化しかねないからだ。私は、意図して「演者」と呼ぶようにした。私は可能性の塊と言われる平手さんに、芸能の現在地から新しい地を目指してもらいたいからだ。正直、世間的な成功は二の次でよい。期待するのは、格闘し続ける中から生まれる何かだ。

ただ、現行の経済システムでは、芸能界と言えども、ビジネスの覇権を握ることが勝者といえるのだ。世界のエンターテインメント界の覇者の一つである「HYBE」が平手さんをどのようにして世に問うのかその面でも注目したい。

本作を世に出すにあたって、原稿の下読み、編集提案、出版作業など、手厚く対応いただいたこと、幻冬舎ルネッサンスの出版プロデューサー板原安秀氏、編集者松枝ことみ氏に深く謝意を表する。特に、類書がなく分野がよく分からない本作の出版を強く推していただいたことは、筆者にとって、とても励みになった。

本作の原稿執筆の段階から親身になり、種々助言いただいた畏友割田剛雄氏に謝意を表する。特に、幾つかの著作を持つ経験からの助言は、具体的でとても参考になった。

最後に、筆者について少し……

私は1941年生まれ。世代論で言えば、「全共闘世代」と言うよりそれ以前の「安保闘争世代」に近い。

学生時代、小説を発表したことがあるが、必ずしも文学を志していたわけではない。社会人時代、求めに応じ、論文、論評、コラム、エッセイ（随想）などを手掛けたが、これは、サラリーマンの余技みたいなもので、プロのライターではない。ただ、私にとって、ものを書くことは日常そのものであった。

20歳代の半ばから70歳過ぎまで「読書会」を主宰していた。開催回数は優に1,000回を超え、ここで読んだ本は、900冊に及ぶ。「宇宙論」から「街角論」まで。時間の大いなる無駄遣いだが、今となっては楽しい思い出だ。

私にとって2001年生まれの平手友梨奈さんは孫世代である。ただ、この事実には何の意味もない。年齢は単に記号に過ぎない。

〈著者紹介〉
**矢島壯一**（やじま そういち）
1941年北海道旭川市生まれ、1947年樺太から引揚げ、東京都在住、中央大学経済学部卒業、一般社団法人全国地質調査業協会連合会専務理事、国立大学法人茨城大学非常勤講師など。
慣例に従い経歴を表記したが、本作との接点は何もない。著者と「本」（書くこと、読むこと）との関係については、「あとがき」の最後に触れたので、そちらを参考にされたい。

# 平手友梨奈《ひらてゆりな》　考《こう》

2024年1月31日　第1刷発行

著　者　　矢島壯一
発行人　　久保田貴幸

発行元　　株式会社 幻冬舎メディアコンサルティング
〒151-0051　東京都渋谷区千駄ヶ谷4-9-7
電話　03-5411-6440（編集）

発売元　　株式会社 幻冬舎
〒151-0051　東京都渋谷区千駄ヶ谷4-9-7
電話　03-5411-6222（営業）

印刷・製本　中央精版印刷株式会社
装　丁　　村上次郎

検印廃止

ISBN 978-4-344-69031-8 C0073
幻冬舎メディアコンサルティングＨＰ
https://www.gentosha-mc.com/